I dare to
find the way
I want to

那么些美好,
哪容匆匆就错过

陈

图书在版编目（CIP）数据

那么些美好，哪容匆匆就错过 / 陈大咖著 . — 苏州：古吴轩出版社，2017.2

ISBN 978-7-5546-0845-6

I.①那… II.①陈… III.①人生哲学—通俗读物 IV.①B821-49

中国版本图书馆 CIP 数据核字 (2016) 第 316502 号

责任编辑：蒋丽华
见习编辑：薛　芳
策　　划：张　臣
封面设计：胡椒设计

书　　名：那么些美好，哪容匆匆就错过
著　　者：陈大咖
出版发行：古吴轩出版社
　　　　　地址：苏州市十梓街458号　　　邮编：215006
　　　　　Http：//www.guwuxuancbs.com E-mail：gwxcbs@126.com
　　　　　电话：0512-65233679　　　　传真：0512-65220750
出 版 人：钱经纬
经　　销：新华书店
印　　刷：北京凯达印务有限公司
开　　本：880×1230　1/32
印　　张：8
版　　次：2017年2月第1版 第1次印刷
书　　号：ISBN 978-7-5546-0845-6
定　　价：36.00元

如发现印装质量问题，影响阅读，请与印刷厂联系调换。010-85386900

◎ 偶尔把看似很要紧的事情放一放，你会发现其实它也没那么要紧。

◎ 偶尔把看似不实用的事情做一做，你会发现其实它也能给你惊喜。

◎ 千金不换的美好，每个人都有。

◎ 所谓的风光人前，只不过是走出来的血路。

◎ 所谓努力，只不过是为了战胜人生的残酷。

◎ 今天比昨天更好，就是高贵。

目录

Chapter 2　生活需要仪式感，喜欢就做到极致

Chapter 3　你有多拼搏，世界就会多有趣

Chapter 4 为什么一直奔跑，还是只能留在原地

Chapter 5 如果事情还没好，只因还未到最后

Chapter 6　抬头生活，让日常成就一切美好

自序：拥抱改变，但勿忘初心

——昨日初心在何处，今度已过楚山巫。

有时候，我挺喜欢坐火车的，大部分时间都可以盯着窗外发呆。
2015年年底，有一次去香港坐到"倒头车"，火车从某个长隧道里钻
出来之后，我忽然觉得风景倒退的速度非常快，对我来说甚至有点过
于快了。然后，我就有点眩晕。

做公众号也给了我同样的眩晕感。

我觉得自己就是风口上被稍稍吹离地面的一只"猪"。在别人眼里却
是"哇，你看那只'猪'在飞，好酷哦。"

很多人也想成为一只"猪"，而"猪"本人的心情是偶尔紧张、时而
焦虑。

——"许多年以后，面对行刑队，奥雷良诺·布恩迪亚上校将会回想起，他父亲带他去见识冰块的那个遥远的下午。"

我想起马尔克斯在《百年孤独》里的这句话。

布恩迪亚家族的孤独，是由一种根深蒂固的家族式初心而得。而我的孤独却可以被大咖式的初心所治疗——每每想起心底的那句话，就不焦虑了。

我的初心来源于一位日本广告大师的金句——"出自你手的每一个作品，都要给人带来哪怕一点点的快乐"。

无论是做杂志，还是后来写书、做公众号，我一直都希望，出自我手的文字可以慰藉世界上哪怕一个小小的个体。那样对我来说，就不算是白忙活一场。

我想这就是为什么大家喜欢看陈大咖式的文章——走心。

我和我的读者的关系就像是促膝长谈的朋友。我从不对他们洗脑，也由得他们自己选择喜欢或者不喜欢我。新媒体这东西，大家都是摸着石头过河，那就勿忘初心地走着吧！这样反而让我积累下了一批"死忠粉"，有一些读者更成了我生活中的好友。

一日一变的大都市生活，很多时候就像高铁窗外急速后退的风景，令我们惊慌失措，唯恐没法在时间和热潮的"漩涡"里保持稳定。这时候，何不想想你的初心？

这让我想起友人珊之前的苦恼——有个烘焙作坊租了她对门的小公寓，做的产品跟她的也差不多，对方摆明车马就是来抢生意的。

珊一度不开心，她觉得自己摸索了那么久的商业模式，被人全部抄走了。我和她转述了另外一个友人的金句："劣币若能驱逐良币，那说明你不是金币。"

珊做蛋糕的初心，是坚持亲手制作，喜欢看别人吃到蛋糕的欢乐。"别人抄你又怎么样，你的初心才是你和他们的根本区别。"
很快，那个烘焙坊就结业搬走了。

勿忘初心，是为了不忘记那个曾经忠于初心的自己。无论做什么，都要从心里做。它可能是对田园牧歌的向往，可能是对社会正义的执着，可能是对承诺的坚持，也可能是一个小孩单纯地玩耍的快乐。

初心让你成为你，并且会跟随你一直走下去。从这个意义上说，初心就是永恒。

如今，在新媒体和传统媒体更迭的时代，每天都听说谁谁谁又从报社走了，谁谁谁又开了一个号，谁谁谁在创业，刚融资成功。每个人都在重新寻找自己的位置，我还不止一次听到传统媒体的人质疑新媒体："不过是昙花一现，我就不信他们有这个影响力。"

这不禁让人想起，照相机一开始被发明的时候，画师们高呼要砸烂这部"摄人魂魄"的怪物。几百年过去了，画家这个职业还在，相机也几乎人手一部。

卷土重来，有初心的人，就是打不死的小强，换个战场，继续来战。现在自媒体做得最出色的一群人：咪蒙、黄佟佟、休闲璐、于小戈、反裤衩阵地、燕公子等，都曾经是传统媒体人。

现在新媒体行业或许已经过了最青黄不接的时代，争论的声音逐渐减弱，人们开始寻找下一个蓝海，希冀成为下一只飞起来的"猪"。

一次次的职业选择，一次次的被迫突破舒适区，并不会让你离初心越来越远。每个人最后都在用不同的方式来实现自己的理想或价值，只是换个方式去做一件事情而已；转型不等于变初心。

谁说你的成长一定会让你对事物的看法更功利呢？不要惧怕"猪"被吹起来，初心是一块私密花园，是我们的加油站。

我们真正应该做的，是拥抱改变，但勿忘初心。
乔布斯说，"听从你内心的声音"。在这个繁杂喧哗的世界里，内心的声音很难被自己听见。
所以我们会去旅行，会去跑步，会去品茗，会期待一些生活的美好。
所以，请静下来，听听你心里的声音。

Chapter 1 体面地做自己，
该来的自会相遇

梦想，之所以可贵，

是因为你还行走在寻找她的路上。

崇拜，往往只因得不到，

所以请各自阶段，各自习以为常。

那习以为常的今天，曾是梦寐以求的明天

——幸福相对论：在迪士尼很少见到大哭的小孩。

01 所有等待，终将美好

有一天，有位男生在微博私信我，他说自己的女友意外流产了，住院的时候情绪、脾气都很差，希望我对她说一些鼓励的话。

思绪良久，我为她敲下了这段字：

如果你常常祈祷，会发现无论发生的是好事还是坏事，最终都指向好结果。一个事情如果还没变好，那是因为还没到最后。姑娘，你要加油哦！

三个月后，这位男生又给我私信了。他将他们二人的爱情故事娓娓道来，最后他说："今天，我们注册结婚了，谢谢你。"更反转的剧情还有，他说："女友看了你的怀孕日记后，脑门一热买了根验孕

棒，居然发现有了。我们待会儿去医院检查，希望可以有一个狗血的'补刀'。"

看得我泪眼婆娑啊！微博之所以式微还叫人欲罢不能，就在于偶尔还能听到陌生人的温暖故事。

02 是这样吗，手撕才是爱情常态

在感情里常有很多的"晴天霹雳""措手不及""拂袖而去"或"不速之客"。就像陈赫的前妻"手撕"粉红公主梦，她说受够了为某些人越来越浮夸的粉红公主梦埋单。很多陈年旧事，其实谁介意呢？

隔山喊话这种事情，我个人觉得很不堪。爱过的人心里都有或多或少的伤痕，就像一个干净的玻璃杯，拿过了必留下指纹。但，你看，路上每个人都能笑，你以为没有人曾受过伤害？

不是的。幸福是治疗伤痕最快的良药。爱情呢？就讨厌在这里，一点点的幸福甜味，就足够叫人沉沦。

人对一般的痛苦是没太多记忆的。你觉得脚上的小指头狠狠地磕到桌角算不算痛？大家都会说，痛到死！但你想仔细体会一下上次碰到时具体的疼痛程度，是不是已经呼唤不出上一次疼痛的记忆了？

人对痛苦的遗忘是出于大脑一种自我保护的精密设置，但有的人却选择沉溺在痛苦里不愿自拔。这样浪费时间的人，可能会更晚才吃上幸福的糖。

你注意过吗？在迪士尼乐园很少见到大哭的小孩，因为好玩的游戏太多了，他们摔倒了马上会爬起来继续玩。如果你把人生也看成一个乐园，就在必要时给自己灌一碗这样的"心灵鸭汤"。

毕竟这世界上，没有什么事大得能阻挡你快步奔向下一个幸福的路口。

03　欲无止境，各自阶段，各自习以为常

因为临近中秋，我和大家讨论了喜欢收集月饼盒的癖好，好些读者给我写的评论，看得我眼睛酸酸的。原来很多人的中秋节都凝聚着和亲人的情感。

前几天赶飞机，在起飞前匆匆买了一杯星巴克、一个牛角包。狼吞虎咽之，余光瞄到，一年一度的星巴克月饼也上市了。这让我想起了一位电视台的朋友。

有次参加某个文化论坛，这位朋友和我一起做大会的嘉宾。她在发言中分享说，自己来自广东韶关的山区，老家没有书店，没有红绿灯，更没有像样的咖啡店。很多年前第一次在路上看到有人拿着星巴克，当时就觉得特别洋气，直到现在她都还记得最初的那股怦然心动。

这位朋友人称"环市东十二妹"，现任省台制片人和主持人，时髦精干又长腿。今天，很少人愿意承认自己的来处。尤其是在"贵圈"，

买A货、租名车、整容，就怕你不知道宝宝有钱，还出身高贵。所以听到这个分享的时候，我内心很受触动。

我们常不以为然地表达一个观点：咖啡不过是生活必需品，不需要企图用此去标榜什么。

我大学实习的时候，每天只有十五块钱的补贴，看见香港女总监每天上班都拿着一杯星巴克，而且一定不是中杯，要喝大杯。我心里暗暗想着：这就算是白领生活吧？

当有一天，自己终于也站到星巴克门口，还记得那是淘金路友谊商场下面那一家。有一点点、不多的惴惴不安，还拿着一张额度一千五百元的学生信用卡，才敢推开大门。一开始，什么卡布奇诺，什么拿铁，什么焦糖玛奇朵，对我来说完全是"外语"。就拿铁吧！刷卡，签字——当年能用信用卡的地方也不太多，拿着咖啡，感觉自己是"上等人"了。

直到现在，我还是喜欢喝拿铁。在这些年的工作中，星巴克也逐渐从心目中的奢侈品被磨成了日用品，我早已拥有属于自己的星享卡，店员也记住了我这张熟客的脸。

这一切已经不再是一种仰望，曾经梦寐以求的明天，已经变成习以为常的今天。

每次想起过去和现在对星巴克的不同眼光，就仿佛印证了自己和朋友们这些年走过的路。

在那些属于团圆和感恩的日子，不要忘记看看来时的路，给自己和小伙伴、密友、同学一个"five"（give me five，击掌）。

我们那么拼，不就是为了过得更有趣

——对无趣的人生零容忍。

01 变得有趣没有想象中难

有趣这件事最公平，它无关身世或背景。因为金钱不能让你有趣，只有努力可以让你活得漂亮。有趣是一种特别的品质，它让你在人群中人见人爱，闪闪发亮。

我相信一种奇妙的魔法。在我努力让自己变得更有趣的时候，身边的朋友和身边的事情也会变得更有趣，这也是我一直以来的幸运。宇宙之中就是有这样的定律，只要你愿意改变，全世界都会合力来帮你，生活总会朝着你理想的方向迈进。

首先，你要给生活增添一点仪式感。
我能想到可以和你们分享的最简单的仪式感，就从一双筷子开始。这招是松浦弥太郎教的。

用餐礼仪规矩繁琐，但如果筷子用得好，就能提升一个人的格调，令人过目难忘。而筷子优雅技的秘诀就是：握筷子时手要握在筷子的中上方！一般人的手习惯放在筷子中段，但筷子用得越差劲的人，就会握得越往下，这样夹菜的样子看起来家教不大好。

现在找双筷子，试一下。

用正确的筷子执握方式，并尽可能地握在筷子的中上方，挺直腰背、面带微笑来面对你面前的食物（即使只是一盒果腹的盒饭），不用照镜子也能自我感觉优雅度直线上升，一秒变华丽日剧女主角。

这就是一种仪式感。关于仪式感，《小王子》里的那头狐狸给出了一个很妙的答案："它就是使某一天与其他日子不同，使某一时刻与其他时刻不同。"

你能做出些和平凡日子里不同的事情，你就会和别人不同，这就是仪式感的魅力。

我们来到这个世界上就是为了一个大写的"美"字。

02　用仪式感自律

建立自己的仪式感，同时也必须尊重别人的仪式。

出席重要场合的时候，千万不要相信"咱们穿T恤、牛仔裤就很好看了"的鬼话，即使是乔布斯身上那件三宅一生的黑色毛衣（没错，那毛线衫真的是三宅一生），它在镜头面前出现了十二年，全世界的人类都刻薄得没有给过它一句赞美。

我刚开始工作的时候，出去旅行只能住青年旅社。有一次在北京的炮局青年旅社认识了两个比利时小妞，都才十六七岁，微胖，长得也很平凡，那时候朋友还偷偷嚼舌头说"很少见到外国女孩子长得这么不漂亮"。

后来我在北京潮流杂志的朋友送了几张派对的门票，我就请她们一起去玩。结果那天，我刚爬完野长城，穿着幼稚的汗衫和亮黄色的球鞋就去了会场。当然，你如果把自己当小透明，这也完全不是事儿，因为有的人一样穿得很糟糕。可是那两个比利时妞儿，穿着抹胸的小黑裙，突出胸的优势，涂着精致的眼妆和唇彩，闪亮亮地登场了，搭讪的男人络绎不绝……和她们站在一起的时候，我变成了"小咖 .jpg"。

大学时候的品牌策划课老师是广告界的大佬级人物。毕业前的一堂课，他跟准备迈出社会的我们说："女生，要有自己得体的礼裙和小坤包。男生，衣柜里要想办法置办六套应对不同场合的西装。"

当时作为讲台下的穷学生，我们觉得老师真是势利眼，我们一身才华还需要那一身名牌衣装加持吗？

三十岁以后我回想起这句话，忍不住冲上台拥抱老师，哭喊着说：

"我应该更早一点相信你。"（小朋友们，现在提早知道也不是坏事。）

03　爱自己的最好方式

爱自己的最好方式，就是做一个走到外面别人也会争相来喜爱的你。不迷信淘宝原单，不吃地沟油，在适当的日子为自己添置一份体面的礼物。这些是讲究，是坚持，不是作。

让仪式感成为你随身携带的光环，保持坦荡、正直、积极，这个世界不顺的事情够多了，如果你的一点用心就能让别人看见光明面，为什么不呢？

仪式感不是随心所欲，爱了，就来一次；懒了，就在家躺沙发。仪式感是自律的规矩，如果你习惯每周六上午都去瑜伽SPA，但因为工作太忙而少去了几个星期，相信我，身边的人都能看得出来。你的皮肤状态，你的身姿，你的精气神，都是你仪式感的见证者。

那些表面光鲜、活得有趣的人，背后过得都比你想象的自律和努力。所以，那些鬼麻烦的仪式感可以换来什么？
我的答案是：一个比别人更多未来的选择权。

我认识的一个建筑设计师，严肃地跟我讨论过，不要说凌乱的桌面能创造灵感，如果要选合作伙伴他一定选每周定期家里大扫除一次的那个。

我的一个HR朋友跟我说："你来面试我会请你，因为我知道你每天不找借口赖床，每天认真吃早餐。"

我的一个男性好友跟我说："不要指责我'直男癌'，可是一个只顾自己形象短暂光鲜，但家务事都随便应付的女生，我也只打算随便应付她一下。"

这就是世界的残酷，人生赢家不能只有外在的有趣面子，还要花精力打点内在的家务里子。

除了流完泪后咬牙认真生活，还能怎样呢?
凡事说随便的人可无法到达那个鲜花盛开的未来。

你距离可以承受的优质生活，只差这四步

——所谓高贵，不是你比谁好，而是你比昨天的自己更好。

前几天闺密的情绪很消沉，她说自己投资的一个项目失败了，亏了一百万元。她在佛山投资的一个小公寓，如今市值跌了三分之一。她说："虽然我投资，但我是一个很省钱的人，花钱在自己身上的时候，一直很省，在生活质量上我太亏待自己了。从今以后我想对自己好一点。"

我呢，就宽慰她，其实也不算是宽慰，我打心眼里是这样想的：这世界上没有什么经历是完全无用的，如果一件事情没有变好，那只是说明还没有到最后。

我们小时候，考试考砸了一次，就觉得世界好像要终止了，对不对？但如今回头看，那只是小到根本不值一提的事情。

想和大家唠嗑一件事情，如果你也一样遇到挫折，比如手机屏幕摔碎了，股票被套了，男人跑了，被同事穿小鞋了，你也千万不要颓废、垮掉。多花一点心思在可以承受的优质生活上面，下面这四件不难的小事做起来，你看起来就会很不错。

一个人长期做出很不错的样子，也一定可以过上还不错的日子。

01 在一些看似不重要的事情上花力气

偶尔把看似很要紧的事情放一放，你会发现其实它也没那么要紧。偶尔把看似不实用的事情做一做，你会发现其实它也能给你惊喜。

一束美丽的牡丹花，一小把芳香扑鼻的茉莉花，如果在天河中央商务区那些装潢豪华的花店里看到，它们被插在价格不菲的玻璃瓶里，连上容器，分分钟要卖你两三百块。

但是，同样的花，如果你在花卉市场买，或者在地铁口、人行隧道买，只需要十分之一的钱（当然了，进口的花种买不到）。茉莉花一把甚至低于十元，回家找出收藏的花瓶插起来，随便放在哪里，房间都会散发温馨的气息，气场立马改善。就算是最便宜的姜花，也能给你的陋居带来两三天的天然芬芳。

花瓶，你们可以在某宝搜"Zakka 日杂"之类的关键词，就有一些不太贵而且很文艺的产品供选择。如果你们平时旅行的时候，看到合适的不妨收一两个：一个有故事的容器更加难得。

懒得去买？一个啤酒杯、一个洗干净的牛奶瓶，都是唾手可得的选择。不过记得容器上不要有难看的图案或不干胶。插花，氛围很重要，不要让这件优雅的消遣有"捡破烂"的嫌疑。

当你已经对买花、插花习以为常了，可以尝试参加一些插花课程。我之前就参加了花筑Le Fleur（拉斐花）的相框花艺课程。花筑是广州一个小而美的花卉工作室，创始人Vane是我的朋友，当时是因为她要结婚，但是整个广州找不到令她满意的手捧花，于是便自己开了个工作室。又想起另外一个女朋友，因为茶餐厅的老板不在洗手间里放厕纸，她觉得很恼火，于是自己开了一间茶餐厅，在洗手间里放三卷厕纸！真是够了，我的这些任性的小心肝们！

花筑的花材一向都是很舍得下血本的，牡丹、绣球都开得刚好，当天我的作品，起名《莫奈》，拿回家还挂了两三天。每次课程五百多元，和在外面直接买花艺作品的价格差不多，剩下的花材都可以抱回家。本文的推荐全部是我尝试过的选择，不卖人情大包，没有任何广告成分，请大家放心。

因为和Vane太熟了，我一直以为她的店就是小范围自娱自乐一下，后来有一次看到同事生日收花，赫然就是花筑的呀！同事不知道我与她有渊源，还很兴奋地推荐说她家的花特别饱满、轻灵，我也为这么厉害的朋友感到骄傲呢！

02 喝好水，品好酒，吃好料，和对的人在一起

前几天一号店七周年庆，Vane说巴黎水一箱才29.9元，赶紧买了三箱，另外还买了依云和圣培露，这三种都是贵的水里面比较没那么贵的，尤其是带气泡的巴黎水和圣培露，每个疲倦的午后开一瓶来喝，简直爽爆了！

喜欢喝好水，因为它能让我感觉身体能量充沛。至于酒，一直以来我都很心仪香槟，工作了一天之后，晚上把冷气开好，澡洗好，把酒倒入高脚香槟杯里，看着气泡从郁金香式的酒杯底部缓缓上升，心情好极了！

买酒的话，我一般在广州的富隆酒窖。他们是广州老牌的一个连锁酒窖，藏酒多，高、中、低各种价格都有。富隆酒业在广州有一个镇店之宝，就是著名的品酒大师Grace Cai。我很喜欢向她讨教酒的知识，因为她不会装，那些貌似高深、晦涩的专业术语从她口里说出来有趣又好懂。

她介绍香槟酒和起泡酒的区别的时候是这样说的："香槟其实是法国的一个地名，在法国巴黎东北一百四十五公里处，原意指石灰质土，现在指香槟这个地区所酿造的葡萄汽酒。葡萄皮上的酵母在常温下与果糖发生化学反应，产生酒精与二氧化碳。二氧化碳就是香槟里的那些气泡了。香槟最关键的地方在于第二次发酵，二次发酵在瓶子里进行。很多的葡萄汽酒是打气进入酒里，真正的香槟要经过很长的发酵

时间。所以，香槟的价格都很贵，最便宜的香槟都要三四百块。"

至于什么香槟好，巴黎之花、路易王妃、菲丽宝娜皇家珍藏香槟都是极好的。如果你只是打算随便喝一喝，就喝起泡酒会比较经济实惠，比如哥德利安粉红汽酒，来自法国布根地十大酒厂之一哥德利安，连酒标都是爱马仕的前任设计总监设计的。这么多来头，对不对？才一百多元一瓶。比起那些像糖水一样的所谓起泡酒来说，性价非常高了。认准了酒标，去某宝买也可以很方便。现在那些卖家包装酒像包装传家宝一样。

说到吃好料，这个就很简单，给钱就行了！我自己每周都会挑选一两家稍贵但质感很好的餐厅去吃一吃；如果去旅行，也会安排一两顿去特别好的餐厅。在广州，我喜欢去四季酒店的云居吃日本菜，去君悦酒店吃自助餐，去吃雅苑、六绿、鼎泰丰……其实，我爱吃的餐厅，来来去去真的就那几家。

当然，我没有那么高雅，偶尔我也想吃辣辣的小龙虾、香香的烤串，但也仅限于每年极少的次数，我有这个自控的毅力。

不知道什么时候开始，人们流行吃黑暗料理，老板态度越差，卫生越糟糕，好像吃得越开心？我真是理解不了这种逻辑，一个人如果长期以吃脏脏的馆子、油腻腻的菜式为荣，看起来也是够面目可憎的。西人有谚曰：You are what you eat（你即你所食）。

03 适当的时候用适当的金钱买奢侈品犒劳自己

我有个女朋友，每年生日就会买一个奢侈品送给自己，以奖励自己这一年的努力工作。从天梭表（TISSOT）到菲拉格慕（Ferragamo）的鞋子、思琳（CÉLINE）的手袋……越送越贵，也代表她的收入越来越好。

你愿意作为一个女人，却从来没有拥有一件经典的、美丽的、价格不菲的物品吗？

我认为，对于出身平常、收入正常的女人们来说，买奢侈品这件事，只要你跳起来够得着，就好。判断的原则是，你买了这件东西，是否会拉低你的生活质量。如果你月收入三万元，买个宝缇嘉（Bottega Veneta）的包，有几套名牌的质感好的衣服，是太正常了。但如果月收入三千元，然后省吃俭用买了一个香奈儿（Chanel）2.55的包，回头发现自己没什么衣服可以配得上这个包，这样的欲望沟壑是难填且可怕的。

所以我建议，以支配年收入的十分之一来购买愉悦自己的装饰品，如果不是"壕"，尽量选择经典、百搭的款式购买。

至于我自己，我是喜欢名牌的人没错，但又不至于失心疯。我买得最多的包是法国国民包珑骧，因为便宜、耐用、轻便，最紧要是容量大，最适合我这种风风火火到处飞的人。

我自己买过比较贵的东西，就是Chanel的包了，当时是到巴黎采访

时买的，还记得当时我做编辑一个月可以拿四五千元，而这个钱包的
价格是六百八十欧元，那会儿欧元和人民币比率还是1：10的。虽然
对当时的我来说超级贵，但每次打开钱包，就会提醒我关于认真工
作、好好赚钱的必要性。直到今天我也是很喜欢，一点儿换钱包的心
思都没有，所以还是蛮值的。

04 正面思维，多一点乐观和豁达

这点也是我一直在修炼的。有一次我家装修，每天我都因为这样那样
的细节和装修队生气，觉得为什么他们能这样不靠谱？为什么能蠢成
这样？

后来有一次，我采访了梁文道。我问他："你有什么不生气的秘诀
吗？"他说："生气是因为你觉得自己太重要了，其实你没那么重要。"

呐，人在这个世界上混日子，难得的就是平衡"其实你没那么重要"
和"其实你很了不起"两者。

或许在不断质疑自己的过程中，唯一不变的乐趣便是用理智的购物来
愉悦自己的心灵。好好赚钱，好好花钱！

所谓的高贵，不是你比谁更好，而是你比昨天的自己更好。

今天比昨天更好，就是高贵

——你习得的每一个技能，都可能是你抬头面对世界的本钱。

01 都是皮痒惹的祸

前几天手痒，在微信公众号发了条文字信息，让大家问我问题。收到的几十页消息，其中有一半是各种各样的婚姻和感情问题。

很感谢大家对我的信任，我也很愿意聆听大家的倾诉，但我必须告诉大家残酷的一句话：有很多的人生问题，的确是无解的。

这些问题并不能像几何代数题一样，可以分步骤解决，也无法如圣贤书里的道理，能一五一十求个明白，只能一咬牙、一跺脚，别无他法。

有时候会收到粉丝的留言，有人说"不是每个人都能像你一样，这么成功地平衡家庭和事业"。

我想说，"呵呵，我平衡得一点都不好"。我儿子有米现在说得最流利的两句中文分别是"妈妈出差回来了"和"不要妈妈工作"。而这个月，我们全家人轮流病倒，我的头每天都痛得要爆炸。

02　永不言弃

我们的事业和生活有太多的不可控，管不了别人，只能管好自己。难道生活如此残酷，就只能自暴自弃吗？别忘记我们"洋气妇联"还有另外一个宗旨：今天比昨天更好，就是高贵。

我信奉一个"秘诀"——要始终抬着头和这个世界交手，当你自己变得更优秀，自然能有好运到来。

至于我为什么如此笃定？我只知道以自己的家世和天赋，如果不是因为努力，就没有本钱去和别人竞争。所以，你也可以理解为倔强。

03　如何让自己变更好

A.投资健康。

亚健康就像是卡在牙缝里的鱼骨头。若无其事的时候没人觉得是事，一旦出现了就各种不自在。

现在和朋友说吉祥话，也是第一句话就说"身体健康"。相信各位也有切身体会——没有健康，就没有一切，连抬头迎接困难的机会都没有。

今年我决定要认真去健身，坚持练习普拉提，就算是躺在床上把有米放在小腿上练核心力量也好。总之不能放任自己每天只走三百步这么不健康的生活方式——有多风流，就有多折堕（粤语，倒霉）。

所以，用自己的时间和金钱投资健康，这一笔生意是最划得来的（感觉好像是做微商的人才会说的话）。

B.建一点点秘密花园。

有一次我问同事，家就住在距离公司十分钟步行的地方，为什么中午不回家吃饭和休息。她说，我需要"me time（个人时间）"啊。

什么是"me time"？它是每一个人都需要的，一个暂时私密的、不受干扰的小角落、小花园，给自己一个可以躲进去的地方。

曾有读者给我留言，她说每一天自己送完小孩去幼儿园，就会在路拐角处的洋快餐店坐一坐，要杯咖啡，翻翻杂志，半个小时后再去买菜、回家做饭。

不管人有多忙，停下来一时半刻享受自己的人生，不会乱。或者去找个地方做SPA、按个脚也好，都很快活呀！

你还可以做一些没有意义但喜欢的小事。我很喜欢在一些需要等待的时间碎片里，把手机摸出来打一些不需要经过大脑的小游戏，比如保卫萝卜、模拟城市、植物大战僵尸、烤鱼蛋之类的，解压效果一流。

如果你也知道类似的小游戏，欢迎推荐给我哦，画面一定要可爱或者精致哈！

一直抬头会很累，偶尔把皇冠取下来休息一下，妥！

C.培养一个不功利的爱好。

保持好奇的心。人眼神里的光，很多时候是因为好奇。对这个星球总是保持恰如其分的好奇，可以让你整个人总在新鲜状态。

经济独立了，无妨让自己尝试一些一直有兴趣又未能进入的领域，就算是玩票也好，又有谁规定学点什么就非要成功呢？

我前几年很闲，于是玩了一些似乎没有什么意义的东西，比如皮划艇课程和帆船课，听起来似乎让人抓瞎，但至少去年在三亚玩皮筏艇，我一下子就在海边划得自由自在、羡煞旁人呢！

我也注意到，各大城市出现了不少化妆课程、花艺课程、油画课程、莎莎舞课程、烘焙课程，对男士来说，也有射箭课程、搏击课程、卡丁车课程、帆船课程等。市场细分非常细致，单次课程从三四百到两三千块都有。

你就是说自己想开拖拉机也行啊！只要愿意出钱还有什么学不到的

呢？请记住这句话：你习得的每一个技能，都可能是你抬头面对世界的本钱。

D.请保持物欲，生机勃勃，喜欢，就去买！

都市里的普通人必须有物欲，否则就会成为死鱼一条。其实很正常啊，美好的住所、鞋包、衣饰、花朵、汽车、家品、吃食，谁不向往呢？

踮起脚够得着的生活，足以让你充满斗志地一路向前。刷卡的那一刻，哇，太棒了。

前几天有人问我："大咖大咖，你怎么看A货这东西？"

我觉得，如果你对一个品牌不清楚不了解，只是走过路过看到一件衣服好看就买了下来，那只是因为无知者无畏。但如果你是因为欣赏设计或者虚荣，而去购买A货，那就有点没意思了。难道你拿着假的爱马仕，就可以过上与爱马仕配套的人生吗？那只是自欺欺人罢了。

而且现在的"时装精"都是火眼金睛，与其在名利场用A货被人一眼洞穿却又不戳破，还不如乖乖用自己买得起的入门级正品。

宁可抬头去自食其力，也不要营营役役去投机。

再说了，现在打擦边球放肆抄大牌包包的快时尚品牌，如迈克尔·科尔（Michael Kors）也性价比挺好的，买这种不丢脸！

自己赚钱给自己买包，乐哉！

别羡慕诗与远方，想到的地方终会到达

——崇拜往往只因得不到。

01　如果你也羡慕

常有朋友说，羡慕我可以经常到处去玩，住最好的酒店，吃顶级的美食，和优秀的、有趣的、美好的人们一起谈笑风生。
我则会告诉他们，这样的工作，也是需要付出代价的。

很多个晚上，当你们躺在床上刷微信、逛淘宝的时候，我还在挑灯夜战，查资料、写稿、整理图片……与此同时，我还有另外一份工作叫"人家他妈"，经常要先像个疯子一样陪孩子玩到他累了，把他哄睡了，再偷偷溜去洗把脸，继续开工。这时候，往往已经快午夜12点了。

如果朋友胆敢加上一句"我也想辞职去旅行"，我就会认真地拉着他们的手劝阻他们。

职业化的旅行并不是健康的生活方式，分分钟比你打工更累。缺乏资源的穷游更是要不得，危险又狼狈。你为了啥？你坐十几个小时绿皮火车就为了去吃沙县小吃吗？你在路边竖大拇指就为了等待不明身份的司机捎带你一程吗？

没钱，就不要轻信那些梦想大过天的"鸡汤"故事了。

2012年，我曾受香港一家旅游出版社的邀约任职主编，工作任务是采编一本泰国顶级酒店的体验书。虽然稿费不是很高，但是他们请我到泰国住了整整一个月的顶级酒店。哇！折算成人民币至少要花几十万元吧？总之每天变着花样住酒店，一会儿住悦榕庄，一会儿住W度假村，一会儿住罗兰·夏朵会员酒店……那会儿住到的酒店如果不带私家泳池和私人管家的，都觉得不怎么样，极尽奢靡。

那段日子的经历对我来说是很重要的，除了体验酒店的房间和服务，还能有宝贵的机会和多位著名的总经理、总监等人物面对面交流，很快积累了宝贵的试住经验，就像是武侠小说里得到真气传输的江湖菜鸟。

那年，我还得到多个旅游局的邀请出国，一年中前前后后加起来竟然住了接近六十家酒店。所以我会觉得，现在自媒体虽然多，但大惊小怪的体验稿是很差的，故作矜持的体验稿也没好多少。对于奢华体验的报道，关键还是在积累和分寸——你写得不够好，因为住得不够多。

有点扯远了，说回天天住五星级酒店的人生，这样的日子够疯狂了吧？可是每次当我从云端的日子跌落到现实，那个反差是很大的。长途旅行中情绪都大概是这样的峰值波形：兴奋——平淡——厌倦——重新兴奋——依依不舍——失落——空虚……成瘾的旅行像偷情，是一种麻醉剂，当你回到现实的时候，会更加不知所措。

我那时候就明白了一件事情，其实我是爱工作多于爱旅行。你再爱吃肉，吃了很多肉之后也会觉得青菜好吃，也有另外一种可能，是发现自己喜欢吃肉，只是因为平时肉太稀罕，事实上并没有那么喜欢吃肉。这是一个辩证的关系。

02 请回到现实

动不动就要辞职去看世界的人，相信我，你只是一只贪玩的、不成熟的幼稚鬼。大部分的人，并不适合做职业旅行家。很多人，连用英语订房、点菜都不懂，而且还不愿意去学，所以也许只是面对生活和工作的种种不如意，企图用"热爱旅行"这样一个文艺的借口来掩盖。

或许我是幸运的。每次有一个小小的梦想，我就会自在地去追求。所以你们想做的职业旅行家，我已经做过了。所谓的"世界很大，我想去看看"，几年前我就这样想了。

我的朋友休闲璐曾经把婚姻比喻成女人的口红，我认为旅行也像是人生的口红，它让你看起来很滋润、很精神，是加分的美好。但你能靠擦口红活着吗？显然不行。

"那你现在在干什么？"你们可能想问。

我又回到了职场，运营自己的一个微信公众号。

"想做就做"有多难？其实真的挺难。

之前，我在一家互联网公司工作，正因为那份工作，我更加理解了打工者的苦衷。以前的我会觉得，你有什么想做的，就去做啊，能有多难啊？你马上辞职就可以去啊。现在我明白，真的是挺难。但凡你的工作收入是家庭的经济支柱或者重要部分的，是肯定无法说走就走的。如果你是大公司的螺丝钉和小透明，还会面临失业后的身份迷惑——我是谁？我要去哪里？

人对于未知的路总是望而却步的：万一走起来不如自己想象的那么好呢？

的确，世界上不会有十全十美的工作，工作的过程难免有一些要吐槽的事，所以我们会给自己编一个梦，比如去看这个世界的每一个角落——多么理想、丰满的一个梦。

女神之所以美丽，因为她没有睡在你旁边；梦想之所以可爱，因为你还行走在寻找她的路上。

当你认真工作的时候，这个旅行的梦会更美。她给你的工作加了美妙的向往和点缀，并且从不辜负你的期待。

如果你觉得，梦想实现起来太难，需要花钱又似乎遥不可及。那么不妨从现在就开始积攒资本。

快乐太久了，就会忘记怎么快乐

——欲望永远没有终点。

01　永远少一个杂物间

有一天我和朋友抱怨说："哎，我那个房子呀，就是少了个杂物间。"
我朋友住着城郊一套大别墅，光是花园就有三百平方米，她如遇知音
地说："没错没错，我妈一直说我那儿最大的问题就是少了个杂物间。"

想一下也是有道理的，房子越大，需要收起来的日常用品也就越多，
而容纳闲置品的杂物房，其实就是容纳各种欲望的杂物房，永远不会
够用。

人幼稚的地方就在于总以为解决了那些眼前的烦心事，事情就会如
意，自己就会快乐。有时候可真不是如此。

再说一个故事，我以前有个校花同学，长得那叫一个美啊，从小就很有名，经常有隔壁校的男生在门口等着就为了看她一眼。我与她很多年不见，前几天和朋友聚会，机缘巧合看到了她的微博，却发现她长得不一样了。身为"整容怪扫描雷达"的我一眼就看出，她整了下巴，整张脸上镜的感觉很欧美范儿、很大牌。但我却觉得很别扭，因为她本身眼睛和鼻子就是出类拔萃的美，若加上长长兜兜的下巴，脸上都是亮点，反而俗气了。

讲真的，她整容又不是为了从"猪扒"变女神，路人甲若能整成她过去的样子已经要烧高香还神了。对此，老同学纷纷表示扼腕，这时候我说了一句很纠结的话：像她这样从小就美的人，美了太久，已经忘记什么是美了。

02 快乐在哪儿？不在别处，就在心中

你是否有所触动呢？其实你就像她，快乐早就在身边，但因为你身在快乐中太久，已经忘记了什么叫快乐，才会叫偶尔膨胀的欲望扭曲了内心。

前段时间我看到Facebook上一组美国插画家的漫画，觉得非常触动。

快乐是当你走了很久之后，把鞋子脱掉尤其是脚掌被释放出来踩到又凉快又干净的地面上那一瞬间……这酸爽。

快乐是在夏天的雨中赤脚而行。都市人的脚被禁锢了太久，不要忘记人类曾是在田野乡间进化的，偶尔活得粗糙一点，会让你释放压力。

快乐是第一时间穿上新买的鞋子。将心仪和美好的东西穿在身上，就是一种愉悦。

03 及时行乐啊，为什么不

水果就是要在最鲜美的时候吃，新手机就是要马上把保护膜撕掉，新衣服、新包、新车就是要马上用起来。这就是快乐！

快乐是一段没有目的地的旅程。出去玩的时候不要把自己逼得太紧，就把迷路当作是另外一种旅程吧，谁知道下一个拐弯会发生什么呢？

快乐是找到了遗失的钥匙。今天在某个闲置的手袋里，找到了一件非常重要的东西，那一刻心情豁然开朗。本来会引起的麻烦事全部都消失了。快乐，完美，知足。

快乐是回家。能有一个家，能知道自己下班后要去哪里，累了倦了有一个专属的被窝让你躲藏。有冷气，有热水器，有花，就很好了，不是吗？

快乐是和你的父母手拉着手说说话。我很久没有这样做了。但他们会帮我拉着我的孩子，走在他们后面的时候，心里是幸福的。

快乐是和世界上最好的朋友一起。男朋友或女朋友会换，但好朋友是永远的。

快乐是不需要设闹钟睡到自然醒。

快乐是无论你做了什么饭菜他（她）都会说"真好吃"。

快乐是我脸上有脏东西的时候你帮我轻轻抚去。这就是爱呀！

快乐是孩子睡了！孩子睡了！孩子睡了！

快乐是看到身边的人都快乐。乐观的人看见的总是人们开心的样子。

快乐是有你在我身边，无病无灾已是最好的时光。

快乐是多想想你喜欢的事物。

一个快乐地走向目的地的人，更能得到上天的祝福。

腹背受敌的时候，也要元气满分地去拼搏

——你喜欢去吃苦，真没人拦你。

虽然有几年一直帮《羊城地铁报》写情感专栏，但在广州生活多年，这份人气超高的报纸我几乎从未见过它的真身。

因为我知道，想要免费索取这份报纸，必须在早上七点钟之前出现在地铁站里才有机会，对于经常睡到日上三竿的我而言，难以实现，于是我自愿放弃，并不会为拿不到这份报纸而口出怨言。

这叫作——自知之明。

01 抱怨再怎么有道理也并不聪明

爱情里的故事，则没有这么多的自知之明。我经常在微博和各种朋友圈看到别人转发的某种类型的文章，就是什么生孩子之前老公如何如何，生孩子之后老公如何如何，什么和老公带小孩出游，自己一直照

顾小孩，几乎没吃饱，老公只记挂着打游戏和喝啤酒。这类文章还转发者众多。

对此的评论，则有两个主流。一个认为男人真不是个东西，自私自利没有责任感，感叹我们女人命真的好苦啊。另外一个则认为这母亲自找的，夫妻共同的责任为何不开口要求分担？男人的毛病都是女人惯出来的。

在社交媒体很容易"撕逼"，每个人都企图用自己的观点去让全世界同意，三观不同的分分钟就掐起架来。其实即使你的事天大地大，也不过是别人眼里的一粒沙子。

在我看来，你要争着去吃苦，真是没人拦你。

你知道为何每个人都自愿抢夺受害者的位置吗？那是以便能有足够的道德制高点来统治对方啊，却最终发现对方不接招，于是气得咬牙切齿。所以痴男怨女们给这个世界造成了一股巨大的负能量。

如果一个人能知道自己其实没有想象中优秀，糟糕的场面是自己造成的，会不会对不尽如人意的现状多一份接受的心情呢？

你处处曲意奉承，却申诉男人不给你独立的空间；你不放权，包揽一切家务，然后说家人对你不体谅；你甘愿作践自己，营营役役，苦毒埋怨那男的不陪你过年过节……用令人内疚的方法去牵住另一半的心，那是比如今炒股更不靠谱的感情投资。好比你吃了咸鱼口很渴，但是想让咸鱼内疚，咸鱼本身难道会觉得对不起你吗？

世界上没有那么多天生温柔体贴的白马王子在拐角处等你，除非你是脚上穿着水晶鞋的女神。不要再沉浸在玛丽苏的幻想里，别人家的好老公那是别人家的好女人培训出来的。社交场就像是中学生在考试，那些说"我在家都不看书"的学霸，十有八九在骗你。

如果你不想成为隔壁蓬头垢脸的大妈，就请不断提升自己的价值，坚持好感情的立场，商议好彼此可以接受的分工，否则就请食得咸鱼抵得渴，默默承受了它吧！老是哼哼唧唧的，于事无补。

02 要么接受，要么改变

我曾在广州某高校开了一次讲座，和师弟师妹们面对面交流。结束后我在微博上收到一条私信：

陈师姐你好，我是今天在暨南大学听了你的讲座的广告学师妹。其实我很想问你一下，今天你说你在实习的十一天，什么都做了，但如果你一直都帮助他们做，那他们不是也会一直依赖你，什么都让你做？如生活中，你主动做一件事，对方会一直觉得这事是你本应做的，你不做就是你的问题。

无论在工作或生活上，我也一直很矛盾。觉得在工作上，我主动去做某件事情，那对方以后也会一直要求于我，我就很难开口拒绝了。那怎么才能去平衡？

按照我以前的作风，肯定会吐槽一番把她骂醒，希望她能像我当年一样，乖乖吃苦，好好做事，成为一个金牌实习生。

但最近，在接触了大量的"90后"之后，我很能理解这种焦虑，这就是个新的社会现实——为什么会有这种疑问？是因为不认为自己做的事情有价值。

所以，工作的价值是什么？

对大多数"80后"来说，工作是在北上广深这样的大城市生存扎根，挤进自己从事的领域，哪怕做一颗小螺丝钉，不至于回家"啃老"就好。所以，"被需要"是一种努力追求的结果，而不是一种担心"被摊上"大事的顾虑——恨不得事儿追着你跑呢，对吧？

"90后"成长的年代，童年时社会普遍享受经济成长，少年时是互联网从有到盛的时代，工作时是一个共享经济、自媒体经济繁荣的时代。很多"90后"的成长经历和家庭条件与"80后"所经历的完全不同了，生存对他们来说已经并不是那么的挣扎。

这是成长和时代的塑造而已，人还是一样的人。给这些想很多，还有点天真的年轻人简单粗暴地贴上"'90后'不行"的标签是毫无意义的，就像"80后"身上"垮掉的一代"的标签一样可笑。

关于吃苦。是不是愿意吃苦，说实话，如果一生中没有任何闪光点，那吃苦耐劳或许会是唯一值得吹嘘的、能找到存在感的东西，因为它立场正确、充满美德。不过，吃苦和专注存在一个微妙的分界线。专注，那是每个人都避不开的议题。时间花在哪里是可以被看出来的，除非你是天才，否则免不了反复练习和钻研的过程。

如果热爱，吃苦就会非常痛快，否则，就是痛苦。我对小师妹的提问有这样的意见。

所以，"新鲜人"，请勇担责任，也请大胆说"不"。

好的机会，大胆站出来说"我要"。需要拒绝的时候，不要胆怯，这个世界没有什么权威是不可置疑的，但是，在学会拒绝的时候，如果可以一并提出解决方案就完美了。

所以，上司们，请对"90后"说他们的话。

学会和"新鲜人"交流，就要接受他们的锋芒，要在他们的话语系统中引导他们找到价值。如果已经成为社会中坚的你，不能提供给"新鲜人"有价值的工作机会和环境，那是管理上的失责。

做"新鲜人"，做老板，原来都不可以有停下来的时候？

那就让自己每一天都元气满分，去接受生活和事业的各种挑战！

Chapter 2 生活需要仪式感，喜欢就做到极致

跑过所有跨不过的，

这一次，去你的"下次再说"。

去告白，去闯荡，去尝试。

走出你的安全区，纵身一跃……

去你的下一次，我要的只是这一次

——等下一次？到底等哪一次？

前几天约了很久不见的女友，才知道她已经放弃了广州的高薪厚职，加入杭州某巨头公司做高管，过段时间，她整个家，包括父母和孩子都会搬到新的城市去生活。

听到这么充满勇气的选择，我真的是艳羡无比。

01　未竟的梦想，放哪了

一般到我们这个人生阶段，很多人都会说"别折腾了，就这样过日子吧"。女友和我是同类人，文艺的灵魂需要偶尔的独处才得以滋养。独处不是孤独。一个人找另外一个人，那才叫孤独。

女友说，这辈子好像都过得太热闹了，很渴望有一段时间是独处的、自由的。而这个平台在业内也是顶级的，就算这次她不去杭州，可能下一次机会到来，还是会奋不顾身地走。这话让我很触动。

如果是我，我是会选择这张飞机票，还是等下一次再说呢？

做个普通人，过个小日子，你不无聊，只是心里总会有一些燃烧的小火苗，提醒你那些未竟的梦想。所以，我不喜欢凡事犹豫退缩、自己给自己找借口。

某件事情想做，就去做好了。如果你有很多理由，那你应该没那么想做这件事；就算前路平坦，你也会有一万个借口去阻止自己。

每个人都有各自的舒适圈，做有经验的工作，点习惯吃的食物，约熟悉的朋友。我也喜欢这样，自在。
不过回忆起来，我在一些人生节点上对自己也算蛮狠的。

大四那年，我想进入最牛的广告公司实习，抱着自己的简历和作品去茶楼门口堵创意总监；第一份工作是国企，朝九晚五，五险一金；为了逃回媒体圈，辞职后从叠衣服和买咖啡的助理小妹开始做起；在升职前夕想去看看这个世界，辞职后旅行，用微薄的稿费养活自己；2015年则是和福利超好的亚洲最佳雇主再见，一门心思跳进了公众号运营的无底大坑……

我以前采访《康熙来了》的制作人詹仁雄，他说自己有个毛病就是买了新衣服就要马上穿，不会等下一次。这种"说做就做"的性格在几年后忽然被美化了起来。我们总是在渴望说走就走的旅行，其实我们幻想的重点，并不是去哪里玩、怎么玩，而是"说走就走"这件事本身。

我们所钦慕的、所向往的，是有一张机票就出发的决绝，是当机立断的勇气，是从思而行立即转化的魄力，是任性，是改变，是不再等待。

02 磨叽啥

你想到一个绝好的点子，想想：有机会再说吧。
不需几天就看到一样的点子已经被人家执行、出现在街上了。你还要到处和朋友说"是我先想到的"。朋友暗暗觉得你是祥林嫂。

你想要跟喜欢的男人表白但又怕被拒绝，纠结得指头都搓破了，直勾勾瞪着一双熊猫眼到天亮，还是放弃了。
最后那人牵了别人的手，你一看，那人还不如你嘛。

我们是不是有足够的时间去害怕、去犹豫、去等待？你说"等下一次吧"，结果什么都没有发生。你可以不强大，但不可以总是为自己开脱，那样只能永远羡慕别人的梦想。

别等下一次，不会有人告诉你为什么，吃过"果敢"这个甜头的人，早就蹬上筋斗云去到了海角天边，看过了云舒云卷。

你本来可以更好的，只是，比起你羡慕的那些人，你差了向前一步的魄力。

就算是输，也要输得心服口服。"等下一次"等于"再也不做"。这一路你可以哭，但请跑起来，一定不可以停。

每一个正在追梦的人何尝有过什么坚强后盾或必胜保障，每一天都像是在蹦极，忽上忽下，大起大落。

这一次，去你的"下次再说"。
去告白，去闯荡，去尝试。
走出你的安全区，纵身一跃……

别憎恨你的欲望，它至少让你有攀高的决心

——跑过所有跨不过的。

01　当姿态比输赢重要

某个周末，去上海跑了场马拉松，大家都说：大咖棒，大咖强！大咖又美又努力！

今天让我来告诉你们真相！

"跑马"，比做瑜伽之类累N倍，感觉全身的肉都在乱抖。我们这种输赢都要姿态好看的人，一开始当然是尽量跟上大队。可明明是一个不经常跑步的人。稍微过了一会儿，我已经被收容车超过，远远落后在马拉松区域的警戒线之外！

我事先和朋友聊说，我就想感受一下马拉松的气氛，至于能不能跑完，真的没有强求自己。毕竟经常听到马拉松过程中有人暴毙的新

闻，如果不是习惯长跑如何逞强？我可不想上头条，差不多了就坐上收容车走得了！

我是看得开，但现在的问题是，压轴的收容车都开得比我快！到后来，我已然深陷上海市民的街头熙攘之中了。我知道自己必须赶上收容车，因为身上没有带一分钱！不上车就回不到终点，就不能去美美地自拍了！那岂不是白来一场！（网红的普遍心态）

我企图调整呼吸，让自己赶上走走停停的收容车。我和车之间的距离一直保持在五十到一百米，感觉唾手可得又远在天边；我就像一只被胡萝卜牵引着的母驴。你们懂一个本来只想去终点留影的宝宝的心情吗？

话说我当年也是跑一千五百米的佼佼者，找到自己的节奏之后，在脚步起伏频率和呼吸的共振中，我好像进入了一种类似冥想的状态，整个精神状态很兴奋，头脑也变得很清晰，脚步也就自然而然地迈了出去。

我精神上并没有感觉到太多的辛苦，身体过了某个极点，居然也感觉到轻松。

两公里过了，四公里过了，我在五公里的时候，终于成功爬上了收容车。哈，终于可以美美地吃根香蕉、拍个照了！

这时候我才想起：我带了手机啊！为什么我不叫专车……尽情耻笑我吧！

为了追上收容车，我跑了五公里，合共一个小时，比起一开始说的跑几步就要放弃，我觉得自己也算是不错了，对得住乡亲父老。

接近终点的我，偶然抬头，看见了一条标语：跑过所有跨不过。忽然有种眼眶发酸的感觉。

我这个人，从来是胸无大志的，不想当科学家，不想当英雄，也不想为了万民之福祉奉献一生。

我似乎就没有什么明确的梦想。一段时间，甚至对梦想这个词很反感，觉得这个词都被用滥了，根本就是胡乱炖的"鸡汤"，糊弄荷尔蒙过量的人罢了。

虽然很残酷，还是要说出来，我们中间的很多人，此生终究会受到原生家庭和出身的桎梏。一位下岗工人的梦想是发现引力波，上节目被评委奚落，几年后的今天赶上引力波被国外科学家测到，网络推手挖掘到这件旧事爆炒了一大轮，最后科普网站出来"piapia"打脸：那个下岗工人的论据分明都是荒谬的。

出身的意思就是因为你家没有科研氛围，你没有科学家天赋，你还在弱肉强食的社会中下岗了，所以你连学术过程中的致命错误都发现不了还洋洋得意。

02 梦想究竟是什么

梦想是什么？梦想是天上的星月，让你认清方向；脚下是康庄大道还是断头路，没人知道。

而欲望是什么？欲望是你饿了，路上有个坑，那边有一颗结满苹果的树；你会想办法跨过那个坑。

当你和我一样在马拉松上很想爬上前面那辆收容车，当你和人有矛盾却不甘心输给对方，当你去求职受辱于是发誓要出人头地，当你很想去心仪的欧洲、澳洲、马尔代夫，当你出门想坐头等舱，想住五星级酒店……

只要你有欲望，有野心，你就无法停下自我索求的脚步。因为当你尝试过更好的人生，就回不到原点了。

就像我这次"跑马"。我明明没有跑完"半马"的梦想，如果不是有踏上收容车的欲望，根本就无法坚持和突破自己。

经常有人问我："我我，我没有梦想啊，为什么大家都有梦想，只有我没有？"

年轻人真的对这件事很慌。昨晚有个小朋友和我说，最近很纠结，觉得很多事情都是天性决定的。如果强求要得到，自己就会很痛苦，但又觉得这是主动放弃的软弱和缺陷。

如果你有欲望，求好的欲望，一个不伤天害理的欲望，为之付出恰如其分的努力，你心里的火苗就不会灭。

有些曾经炙热跳动过的梦想，在寂静的夜里会跳出来告诉你：它没有熄灭，只是被深埋了。

仔细想想，其实欲望是个礼物，是一个人生某阶段、某段情绪和某些人给我们的馈赠，支撑我们前进，冲淡我们的痛苦，给我们激励和成就感，让我们有继续的力量。

极致这件事，就是要像米其林一样坚持

—— "摘星" 这事，其实也没那么遥不可及。

因为采访和旅行，我去过不少的米其林餐厅。上海的、香港的、日本的、德国的、法国的……每到一个新城市或新国家，我都会翻翻当地的米其林小红书，找机会 "摘星"。

比起隔壁老王的三姐的表弟的妹夫的同学听别人推荐 "有间刚开的馆子超好"，米其林小红书筛选的餐厅更让我有安全感，因为他们有一套公开的、完整的、相对客观的，甚至堪称严苛的评判体系来评判菜肴。

01 凡受推崇的，自有其道理

众所周知，米其林有五项评判标准：

1. 食材水平。

2. 料理技艺水平和口味的融合。

3. 是否物有所值。

4. 创新水平。

5. 烹饪水准的一致性。

前三点是通行的餐厅评判标准，后两点是米其林的核心价值所在。我自己做创意时是一个不爱跟风的人，米其林的一些行为对于我们这些文创行业的从业人员也很有启发。

比如说"一致性"，它其实是每家餐厅最难保证的。

我们都有过这样的经历。某间餐厅，上次去我们觉得很赞，再去可能就只能"面面相觑"。我写文章以及做其他工作也是一样，每天都要严选输出的内容，保证每天的文章都言之有物。

保持质量的"一致性"实在是一个挑战。不过看了米其林的星级餐厅甄选规则，你可能会心理平衡一点。通常每个米其林星级评判都是由多个"美食密探"共同决定的，如果他们发现了一家不错的店，往往要匿名光临好几次之后，才敢往上一级"美食密探"提交报告。一家被评为米其林一至两颗星的餐厅，往往要经过每年十五次的反复检查，才能得到确定的答案（对，你没看错，是十五次，而且是每年）；三星的则需要更多次。

有些餐厅自称是"米其林厨师打理"，但这只是打了宣传的擦边球，没有所谓的"米其林厨师"一说，米其林的推荐和星级评价全部是针对餐厅做出的。即便是这家被评为米其林星级餐厅里的厨师，带了他的原班人马到另一个城市重起炉灶，他的餐厅在米其林的评判体系里也是没有任何直接推荐的，需要重新考核。同理，同一品牌的餐厅在新址开分店，也不会自动获得米其林推荐。

严谨和严选，是米其林值得学习的第一个特质。

02 学我者生，似我者死

我们发现，被评为米其林星级的餐厅，得到的好评项，在用餐环境舒适和服务优秀外，占比例最高的是菜肴的精致程度。

当然，米其林的美学是可以被模仿的。比如被打成泡泡的柠檬汁、精心涂抹的酱汁、美艳娇嫩的可食用兰花等。Instagram上的一位美国姑娘就完全模仿到了米其林的精髓，经过她的双手，一份份平价小零食被改造成一盘盘颜值爆表的"米其林大餐"，它们还有一个响亮的名字——High-End Junk Food（高端垃圾食品）。

谁能想到那是一些用冰淇淋、饼干、糖果等超市开架食物做出来的甜点呢？她为此收获了十几万的粉丝，甚至还有粉丝向她示爱，因为这种创意不仅美好，还令人开心。

不过，齐白石说过"学我者生，似我者死"。对于美学的推崇，始终不能只学皮毛，审美和创意才是灵魂。米其林教给我们的道理，还有"极致"。做到极致，就是美好。

所以，如果你以为米其林就必然是各种"高大上"，那就错了。

在新加坡，一间小档口就被评上了米其林一星，它的名字是"香港油鸡饭面"，一个小贩开的一间小档口，被评为米其林星级餐厅，这绝对是一个不可思议的故事，但获评餐厅的老板陈翰铭，他做到了，用一份坚守三十五年不动摇的油鸡饭面。

陈翰铭的档口地处牛车水大厦二楼的熟食中心（相当于菜市场小吃），档口外围的卫生情况一般，但是他个人对员工和厨房的卫生一直抓得很严；厨师服每天都要保持洁白如雪，手套也坚持戴双层，每天下班都会用心搞好厨房的卫生再走。

他的店里只有三个人，陈翰铭是老板兼唯一的厨师，从鸡肉到面条到秘制的酱料，全部自己做。他三十五年如一日，早上五点半起床，上午十点营业，晚上九点关门，一天工作十七个小时（餐饮界都是赚辛苦钱），一丝不苟地完成每一道工序。

"每一个厨师认认真真、用心对待，那做出来的美食才会有你的爱心。"这是陈翰铭的美食哲学。

一种美食，永远有学不完的东西。一篇文章，也永远有能被改得更好的空间。

这些被大家所推崇的米其林，不外乎真正做到了三点：坚持、精致、
用心。

虽然只是写写文章，我也一直秉承着这样的理念，一定要坚持给读者
用心的文字、精致的呈现，就算是小广告也要写得好看啊！

对于米其林水准的美学品质创造，我都怀着学习和崇敬的心情。

看得越多，学得越多，你的生活越会有更多的惊奇，眼界也会被打开。

只愿你永不丧失赚钱的能力

——愿你终身美丽，永会赚钱。

01　为什么有人会茫然无助地过一生

女性生活是现阶段的热门话题，各种文章"煲出了各种鸡汤"。
然而作为一个女人，看完所有文章之后我发现——我不知道应该怎么
做女人了。

高颜值、过得漂亮的博主，纷纷"安利"：你一定要投资美丽，整
容、箍牙都在所不辞。保养品、化妆品各种APP的小广告更是神不
知鬼不觉地植入。
女强人们告诉你：要各种独立，要吃小鲜肉，要做一个铁腕的女人。
贵气少妇们劝你：外表温柔、内心强悍，上得厅堂、下得厨房，把老
公的钱袋和子孙袋都抓得紧紧的。

OK，Fine！对于女人来说，美丽、独立、魄力，这样的关键词是绝对不会错的，就像我们觉得钱真好用一样，是金科玉律，无须争辩。

但是，不可否认的是，有很多女人，她们尚且过着一些浑噩而不自知的生活。

有一篇文章中，我写道，有的妇女上公车就先抢座位，显得很不优雅。有读者在评论里说，很多人并不是想这样，而是生活叫她们不得不这样。有句话叫作"仓廪实而知礼节，衣食足而知荣辱"，难道我不知道、不难过吗？

当我们在心疼健身私教一节课要五百块钱，烦恼双C的小羊皮容易被刮花的时候，有一些女人正在为基本的生存而苦恼，她们不得不直面贫困，茫然而无助地度过一生。

家里以前请过一个阿姨，才四十岁，儿子和儿媳妇都还不到二十岁，孙子刚出生，四川人。她老公本来在工地做苦力，后来赋闲在家，她儿子在理发店帮人洗头，儿媳妇在家带孩子，所以她这个奶奶就要出来做工养全家。

这个阿姨在我家做过蛮长时间，我偶尔会拿些小衣物给她。有次我问："你全家就靠你，他们以后要怎么办？"阿姨"嘿嘿"说："能做就多做点。"她一天要去三家做钟点工，因为担心失去其中任何一份，每次都是用尽全力在做家务，她的头发已经白了一大半。没多久，她就把我家"蹬"了，因为另外一家人开给她更高的工资。

我很理解她，毕竟钟点工取代性这么强的工作，多一百块也是钱；她最需要的就是钱，在钞票面前不要提情义。

一样都是生命，有的人是过得比你不容易。有很多生活在城乡的普通女性，因为没有独立的经济能力，不得不忍受家庭暴力或者承担生育压力。有人说，潮汕人的离婚率是最低的，潮汕男人最可靠！其实有没有人认真考虑过，或许那是因为一部分农村妇女没有工作能力，只能在家做一些劳动密集型的手工活赚取少许工钱补贴家用，离了婚根本无法在社会生存；而且如果不走出小村，离了婚的女人很难找到下家。所以，很多人宁可一直默默忍受。有过农村生活经验的人就知道，每年那些喝乐果（一种农药）自杀的新媳妇，有多少。

因为没有赚钱的能力，所以丧失了选择人生的权利。

02　人生固然残酷，但我有盼望，因为我可以赚钱

然而说到穷，其实没有人可以站出来说"我特别有钱"。要比的话，总有人比你更有钱，这个是残酷的事实。

当年我准备买车，看了一轮，心仪的车总要比心理价位高一些，我和另外一个刚换了车的朋友说："为什么钱总是不够用呢？"刚刚卖掉奔驰买了牧马人的朋友Ben说："钱就是任何时候你想用，都会发现不够的东西。"

最近我往返于南沙和广州之间看楼，也会发现看得上的房子，总比预算高出一截。而我闺密烦恼的则是，看中了珠江新城价值一千二百万元的一套房，但首付七成的现金她也不太够——这就是人生。

还记得钟镇涛的前妻章小蕙吗？颜美人俏，行事也是任性届的祖师爷。钟镇涛说她"名牌手袋堆积如山，十几万的裙子穿一次就可以不要"，她的口头禅是"饭可以不吃，衣服不可以不买"。这么多年以来她一直被认为是钟镇涛破产的罪魁祸首，其实那是九七年金融风暴惹的祸。不过她自己倒是不介意做新闻女王，即便是破产离婚后也能迅速爬起来。

章小蕙离婚后，顶着两亿多元的债务。一开始她给杂志社写稿以赚取生活费，工资是一个月四万块耶！那可是九几年的事情，很快她又开了二手服装店和买手店，在流言蜚语中从头再来，年赚两千余万元，于是又做回了败家界的一把好手。因为多年购物练就的火眼金睛，她挑的货都特别好卖，记者采访她时，她翻着美艳的嘴唇说："人人只看到我买东西，怎么没看到我学东西。"

如此的人生，怎能说她不尽情、不精彩呢？也怪不得亦舒也要说"在香港，我最欣赏章小蕙"。

赚钱的能力并不代表你真的去工作、打拼、做客户的"狗"，把红彤彤的钞票拿在手上闻着那股迷人的铜臭味。我和很多姐妹的共同目标都是——做全职富太太（当然那是因为我们现在都还在做客户的"狗"）。

正在赚钱的人知道，赚钱是非常非常难的，没有人会无缘无故给你钱赚，钱永远不会从天上白白掉下来。就算是利益输送，总也得是因为你有面子、有人脉、有被利用的价值。

赚钱的能力代表的是，你整个人是不是和社会同步且能力卓越，你的精神有多少闪光点，你的生命里有多少让人赞叹的华彩乐章，你的专业、魅力和美丽有多少人看得到并且愿意为之埋单。

比起赚钱的能力来说，刚才说的那些闪光似乎要高大上一些，但其实它们是同一种东西——别人对你的认可，以及你对自己的要求。
当你可以赚钱的时候，当你可以赚到比你想象中更多钱的时候，你会发现这是一件超爽的事情。

女性有天生的性别优势——细腻、坚韧、耐性，女性可以担任很多男性无法胜任的工种。

而看到此文章的优秀女性，你可以拼命花老公的钱，可以奴役老公出去赚钱回来给你买花戴，你可以保持着美丽优雅、光滑明洁的皮肤和灵动平和的眼神，但请铭记——永远保有赚钱的能力。

和不庸俗的人做尽庸俗的浪漫事

—— *什么是回到原点的浪漫？*

一百分的人生要大俗大雅，要高大上得来接地气。

01 生活需要仪式感

我曾在朋友圈看到一个鲜活的爱情故事，第一张图是保存了十年的短信内容，是他女朋友给他发的："BB，我昨晚梦见我们在酒店，房间里有好多玫瑰花和金色波波，我都尖叫起来了！好想好想你。"第二张图，就是他女朋友（现在是老婆）坐在五星级酒店的床上，欣喜万分地躺在玫瑰爱心的旁边，房间里是漂浮着的金色气球拼的名字缩写……据说女生从进门就没停止过自拍；男生一直记得她这个美梦。关键是关注对方对场景的喜好。

生活需要仪式感，大日子也需要从日常生活里抽离。无论他（她）是喜欢住帐篷、房车，还是住 Airbnb（空中食宿，一家联系旅游人士和家有空房出租的房主的服务型网站）上的家庭旅馆去旅行，都很好呀！

02 替他（她）实现一个梦想

我有一个好友，她的梦想是拥有一间自己的咖啡厅，做广州最好的精品咖啡和华夫饼。她先生就花了二百多万元和她一手一脚搭建起了一家咖啡店，作为结婚纪念日礼物送给她。

再次感叹：真会玩！

让人想起了《来自星星的你》，欧巴把整个游乐场包下来让千颂伊玩个够。那情那景也真的让诸多"玛丽苏"心动不已，一辈子何尝这样被宠爱过？只需一次，回味一生。

就算你没有那么"壕"的实力，也有办法的。

大部分的梦想只需一次尝试，大多数人的社会角色很难有改变的机会了，但每个人心里总有一个希冀的梦想，比如做一次花店老板、卖菜商贩、烘焙手艺人之类的，又或许是去一次航海、去某本漫画书的现实场景去看一看……只要你肯花心思去发掘，也可以换个方式去浪漫的。

03 他（她）喜欢的，就给到极致

我大学有个同学，我一直记得她，是因为她读大学时每天都在吃水果。真的是每一天！没有两天是重样的。

她说："都是我男朋友准备的。"

原因是这样的。她来广州读大学才发现非常多的水果是在家乡没见过的，她每次去超市都会在水果区流连忘返。她的这一行为很快就被那位追求者（后来就成了她男朋友）发现了。

她的男朋友不是"高富帅"，但为她做的这件事，真的很浪漫。这是一个具有古典浪漫主义色彩的恋爱故事，粤语说"桥唔怕旧，最紧要受"（粤语，点子不怕老，只要有效果），追女生其实从古到今并无新鲜招数——用心而已。

04 送她珠宝，说一句"我爱你"

流行事物容易过时，追赶潮流令人疲累，性价比未免太实际。表达爱意，从来都需要更多的浪漫心思。

说到底，女人最难忘打开珠宝盒的惊喜、亲自为她佩戴首饰的感动，还有那一句"我爱你"。

请保持好奇，你学的每样东西都不会浪费

——技不压人，从来没错。

亲们还记得日剧《请与废柴的我谈恋爱》里面的剧情吗？男主给深田恭子夹娃娃，女主觉得这么大的娃娃，肯定是夹不住的。结果男主居然轻轻松松就夹起来了！

男主撩妹成功，看肥恭惊喜得如小鹿般闪烁的小眼神！

女主问："天啊，你是游戏迷吗？"男主淡定地说："因为我有起重机执照啊！"

看！这就是技术的力量！（蓝翔学子也能逆天咯。）

废话不多说，技不压身，这句老话果然是蕴含着深深的真理，继普拉提、半马、健身之后，我又有了新的学习计划——咖啡制作！

01 咖啡 & 科学

好朋友近几年爱上了精品咖啡。她跟我说，你知道吗？洛杉矶最近的精品咖啡馆多了很多，开店速度惊人。精品咖啡之所以突然受到热捧，因为它和Geek（极客）们的科学创新，这两件事的思维是相似的。

新词汇有点多，咖老师先来补个课，大家认真听讲。
Geek——对于计算机和网络狂热兴趣而又投入大量时间钻研的人，你手机里的APP有98%出自这群人的脑袋瓜。

Specialty Coffee——精品咖啡，从树的品种，栽种方式，再一直到采收完全成熟的果实全程用心栽种，谨慎水洗与日晒加工，精选无瑕疵的最高级生豆，运输过程零缺点送到客户手中，经过咖啡烘焙师高超手艺，引出丰富的地域之味，再以公认的萃取方式冲煮出来的咖啡。

——喝个咖啡而已，有必要上升到科学？
——是的。

如果你看过精品咖啡爱好者在冲煮、研究或杯测一款咖啡豆时的样子，他们真的就是科学家的架势。他们把泡咖啡这个动作叫"萃取"，考虑计算豆子的研磨度，热壶，湿润清洗滤纸，93度水温，顺时针从外而内转圈……这不是化学家的手法是什么？
他们还拿着纸笔认真做记录，冲煮出好咖啡的时候全场兴奋雀跃，友人间相互颔首，不亚于一场无声的马拉松冲线成功。

02 连锁咖啡 VS 精品咖啡

标准化生产的连锁咖啡和因豆而异的精品咖啡，孰优孰劣？我认为不需评判，各取所需即可，就像高级定制和快时尚成衣各有市场。

有时候到外地，开在火车站或者机场的连锁咖啡真的会救我一命，至少咱们心中有数，一致的价格你可以得到一致的出品。而有时候，我们会更喜欢精品咖啡，欣赏一款好豆子在咖啡师手上通过精密的计算和充满内在精神的制作后诞生出的不同类别的香气。

如果你曾经觉得"咖啡有什么好喝的！跟喝中药似的，有什么乐子可言"，那可能是因为批量粗糙生产的咖啡豆让咖啡真正的香气没有发挥出来。

咖啡豆本身是种带着复杂迷人香气的果实，一颗咖啡豆里面可以蕴含几十、上百种不同的味道。他们可能是青草、泥土、花香、果香、榛果、焦糖……美国咖啡特别联盟（SCAA, Specialty Coffee Association of America）专门制作了一个咖啡香气和口感的轮盘，帮助大家了解咖啡的两大基本特性：香气和口感。

03 咖说咖啡

咖啡能不能更好喝？这是二十年前的咖啡好奇心。

在十九世纪中，一群狂热的咖啡爱好者扭转了世界咖啡的潮流走向，他们系统研究咖啡种植，指导咖啡农用心地栽种咖啡，并在全世界寻找最有利的海拔、土壤、气候，栽培出风味独特的精品咖啡，全球正在逐渐风靡的精品咖啡，就是咖啡爱好者们一点点改变出来的。

一位美国精品咖啡学会的导师信心满满地说，他能用他的咖啡去感动和改变医生、律师。

今天，在硅谷或东京街头的那些精品咖啡店里，非常多的年轻人在研究新的咖啡冲煮工具、咖啡烘焙手法和冲煮手法。
多尝试一点，多探究一点，就会有更好喝的咖啡。

我上星期去体验的一次手冲咖啡课程，也对我产生了小小的冲击。外教是澳大利亚人，全程英语教学，上次谁问我哪里可以学英语口语来着？现在你可以学英语和学咖啡一箭双雕了。如果英语比较菜，也没关系，现场有中国助教。

在冲煮咖啡过程中，一个细微动作的改变，会对结果产生纷繁复杂的影响。系统科学的训练，改变的不仅是冲出来的咖啡，还有你的细致度和耐性，敏感和尊重。正如外教所说的，开始工作之前，先把工具收拾清爽，给自己做一杯手冲，只需要十分钟，但可以让接下来的心情很平静。

为什么会有这种风味？水温高低会怎样影响风味的发挥？我在哪里曾尝过这个味道？这是什么类似的味道？

一杯好的咖啡，一次好的咖啡课程可以牵扯出一堆值得思考的、好玩的问题，这跟普天下所有学习都是相同的道理。

04 喜欢就去做

到真正实践的时候，才知道柜台后面那个咖啡师之所以能站在这里胸有成竹地为你服务，背后有多少的学习和练习。保持谦逊，拥抱学习，不仅能喝到自己做的咖啡，更能训练有条理、严谨的工作意识，始终不失败于这个时代。

至少有一天，我不红了，还能去咖啡店做小二呀，你们会给我小费吗？我今天"安利"的，不是一杯咖啡，而是追求咖啡制作给人带来的有条理、耐心、上进的积极感。

你可以继续喜欢咖啡，或者继续不喜欢，但请永远保持对新事物及美好的好奇。

你们看，是不是？

如果甄嬛不是会跳惊鸿舞早就被皇后整死了，如果张亮不是会烧菜、会颠锅也不会大红大紫得那么快。

技不压身，是不是？

Chapter 3 你有多拼搏，
世界就会多有趣

生活从来不会轻易地给我们一副好牌，
宁可抬头自食其力，也不要营营役役去投机。
请和对的人在一起，做愉快的事情，
剩下的全都交给时间吧。

那些很贵的美妙瞬间别人买不起，但你有

——在家千日好，随遇而安，追求更好。

回了娘家，我这个因为时差而失眠了一周的人儿，竟然在沙发上睡得又香又甜。

厨房里飘出老鸭竹笋汤熬煮的香味，清爽又温和，孩子在家的吵闹奔跑声和外婆的说话声，也是和谐的杂音，混合起来有种很安全的感觉。

01 随遇而安，追求更好

我娘家在潮州的老屋，一栋可以算是危房的老房子。从老城一条昏暗狭窄的小巷子走进去，有一栋没有物业管理的石米外墙的楼房，那就是我成长的家。虽然家人已搬到新房子了，但这里始终是个能使我感觉到安全的地方。

屋里的天花板已经开始剥落，墙壁也逐渐发霉，到用水高峰的时间，打开水龙头就会听到水管"咕噜咕噜嘎嘎嘎"空叫的哽咽。但在这里，我依然可以睡得很好很好；因为母亲的巧手，三餐更是说不出的居家美味。

虽然我现在的日常生活普遍都"高大上"，对品质生活的评点更是信手拈来，其实我的家庭很普通，祖辈并不是old money（老贵族），我家连电话机都是很晚才安装的，我高中知道的名牌只有班尼路和阿迪达斯。

我对生活的理解、对品牌认知的积累都是到大城市之后，通过媒体工作和生活体验才逐渐捕捉并丰富起来的。

这不是一件坏事。正如亦舒所说的"这双手虽然小，但属于我，不属于你"。经历着从无到有，从0到1的创业过程，从一个不懂吃穿的"穷二代"到以收集五星级酒店体验为乐的新中产，我会更懂得和读者分享，为什么我们要买这个，为什么我们要买那个，为什么花钱我们要这样花，如何让自己的生活更精致。

感同身受，这才叫生活导师。从小就富庶的人，怎么会知道要去比较CPB（肌肤之钥）和美宝莲的粉底的区别呢？

有时候我们在"高大上"的路上，会走得太着急。尤其是出身普通、小时候没见过什么好东西的孩子，一旦有钱就恨不得和过去割裂，一边仇富一边仇穷。

不需要这样的。随遇而安但总是追求更好，这才是都市生活的上进人生。

02 千金不换的美好，每个人都有

我承认物欲是很煎心的，因为有钱的感觉真的是很棒。可无论现在你有多少钱，都总会有人比你用得更高级，住得更好，你完全改变不了这个事实。可能，现在你为了两百万元的房子首付发愁，但有钱后也会为两千万元的房子首付发愁。

千万不要因为没钱而不开心（反正你也不曾真正有钱过）。

不开心了怎么办？想一想你的过去和现在。莎翁名言——一个人思虑太多，就会失去做人的乐趣。（One thought too much, it will lose the fun of life.）

总会有一些十分美妙的瞬间，让你感觉非常舒服。

你一定要牢牢记住这些美好。而且，这些瞬间十分顽皮，只有当你对它另眼相待的时候，你才能看到它、捕捉它。

比如，夏天第一次吃杨梅的瞬间，舌头一压，鲜嫩的杨梅肉就被挤出紫红色的甜美汁水，沾上一点薄薄的盐巴，那个酸甜更是加几倍。这么娇嫩的水果，过了这个季节可就没有了呢！

比如，对切西瓜，第一口就要吃到西瓜的正中心，没有籽，红色的果肉上还垂着一颗颗圆圆的、微小的半透明砂状结晶。哇，这一口太好吃了，一个瓜从开花结果走到今天，就只有这一口，而这一口就给你吃了，你怎么那么幸运！

比如，最传统的白糖拉丝棉花糖。从小贩手里接过，还带着热气，干燥的微微焦糖的味道，就是一片云。棉花糖永远比脸大，第一口从哪儿开始，要想很久。绵绵的云在嘴里化成一粒粒细糖，不甜，正好。

比如，走得口干舌燥的海边，来一杯鲜榨的橙汁，顿时从头到尾都是畅快。如果直接吃橙子，就该横着切，把果肉从果瓣里面卡出来，那个柔软又无渣的橙黄果肉纤维，好吃极了！

比如，年幼的我最大的关于奢侈的想象，就是买一包浪味仙，只抿掉味道，剩下的都扔了。浪味仙和一般零食的死甜不一样，它是有灵魂的啊！螺旋、洁白的身体上的那一点点干葱末，叫人欲罢不能啊！虽然现在我已经很久没有买来吃了。

你呢？你心里的那些千金不换的美好有着什么样的片段，夹杂着怎样的情绪？

这些瞬间都很小，也不贵，但只要还能发现它，这份对生活的热情就还在，这份涌动和灵气才是生活的元气。

心里烦吗？我和你一样有很多烦事，其他人也是。所以不要质疑，为什么只有自己才扛着这么多的不容易；所有人活着都是顶着一副千疮百孔的皮囊。

既是如此，就不要让忧虑过夜了。

所有的努力只不过是为了战胜人生的残酷

——如果你规划过，会发现人生会省力许多。

我有一次担任了一个大学生创业比赛的评委，完事后主办方请一众嘉宾评委、名人大咖到附近酒楼吃饭，都是媒体圈最会聊天的一群，大家于是在饭桌上聊起了"奇葩实习生"这个群体。

我看到的是每个人都露出了"气死"的表情。

某画报副总——我们组有个实习生，某一天请假说不来了，理由是，"今天下雨，但我想穿白色球鞋上班"。

某CBD君——实习生和我说："老师，我想转去副刊部，我觉得我比较适合做有文化的新闻。"

某公关总监——实习生来了一上午就请假，说妈妈急病入院，第二天在微博看到她去旅游了。

某广告公司CEO——部门实习生说降温要回家加件衣服。结果回去后没有再回办公室，第二天也没来，第三天说，不想再来了。

某门户网站项目负责人——之前找一个"90后"团队做视频，素材都拍好了，但成片一直迟迟未交，每次催促，他们负责人就拖延，后来就装死。最后寄来一张空白光碟，微信上直接扔一句"尾款我们不要了"，然后我华丽丽地被拉黑了。

我也贡献一个。

秘书之前帮公司请实习生，每天实习补贴100元（不算吝啬，每个月来10天就有1000元了）。面试一共两拨，每次都有一两个来自某院校的学生在面试前才发短信来说"很抱歉，我今天不能去面试了"。

也不知道他们是否将拿到面试机会作为佐证求职实力的证明，但他们认为无伤大雅的此举，却让HR达成一个共识——除非极优秀，否则来自某院校的简历优先剔除，以免浪费名额和精力……

今天，我作为一个苦口婆心的老人家，希望通过本文向广大不靠谱人士广播以下几点（绝对不是针对"90后"，无论什么岁数都有奇葩存在）：

01 其实你没那么重要

你的可代替性有多强？

相信大家都清楚，中国最不缺的就是人，大城市最不缺的就是人才。你不做的事情，马上会有人帮你做，而且做得比你好。你能糊弄第一次，但没人给你第二次机会。

你如果觉得说：那谁谁谁比我还不靠谱，不也过得特别好吗？

我想说：宝宝啊，咱们也不是十四五岁了，这种"你看他是从不温习功课的，也不知道为什么就考了第一名"的心理安慰可以结束了，不要那么幼稚了好吗？

哪来100%的运气？随着阅历的增长，我非常信奉一句话，一个人如果在某个领域呼风唤雨，肯定有他"煞食"（粤语，受欢迎）的伎俩在。就算你再不齿他也好，如果你看不到他的"绝世秘诀"，只是觉得对方运气好罢了，也纵容自己像他们那么不靠谱，那你永远都成不了比他强的人。

02 出来混，终究要还

圈子比你想象的还要小。不知道其他城市是什么情况，在广州生活多年，我发现，这个圈子就像一个充满水的气球，体积相对固定，但形状可以千变万化。

你今天在某个领域认识个朋友，过几天可能发现其实他在另一个行业更出色。这家餐厅的部长，可能几个月后在另外一家见到。在微博搭过讪的网友，竟然和你有如此多交集！朋友圈的点赞者更是经常让人惊讶——原来他和她，还有这样的渊源！

我认为，每三年可以称之为一个"世代"，社会的主要资源会一直掌握在相对稳定的人手中。大咖们，自有属于他们的俱乐部。你的不专业和无节操，不要以为出了这扇门就抹去不提。你身体里的恶魔发作时犯的每一次错误，用一百倍的能量都无法彻底抹去印迹。

爱惜羽毛、坚持原则，或许你得不到眼前的利益，但慢慢地你会发现，这给你带来的是毕生的声誉财富。声誉财富有啥用？至少我能告诉你，它比可以数的钞票值钱得多。就算有一天，你坚持做好人也是做烦了，忽然萌生了"老子要做一个大反派"的想法，够多的美誉强烈对比丑恶的手段，也足以让你成为一个横空出世的大坏蛋啊！所以，美誉随身，无论何时何地都不是坏事。（这样举例好像有点不对。）

03　今天的不靠谱终将会付出代价

我一直认为任性的人，首先得是个"算死草"。

他肯定盘算过，这样任性，最差的结果是什么，至少不会"狗带（go die）"，然后再去作天作地。不然就是蠢。

多想，多观察。人，最关键的技能之一叫"预判能力"。就像你开车走在路上一样，提前安排自己要走哪条车道，提前判断前后左右的车打算干什么，观察后再摆弄方向盘，这些都是最基本的驾驶技能。

就算你是坐地铁也好，固定的线路坐过几次，总能归纳总结出在哪里上车，在哪里下车，相对没有那么挤，什么位置可以最快踏上手扶电梯以免被卷入人潮，什么路线和什么出口可以相对最快回到家……

如果你规划过，会发现人生会省力许多。缺乏预判能力，只求活在当下的人，你真的不是在享受人生的自由和愉快，你是"no zuo no die"（不作不死）。

04　大咖式成功学

刻苦、刻苦、再刻苦。我一直很羡慕那些天生有钱、有颜、有才的人，我连这张老脸都是吃了三年苦、箍了大钢牙才蜕变的，而且还没变成安吉拉宝贝。

我从小就被家人抓着教育：你要刻苦学习，一定要刻苦，这个家没有谁能帮你。讲真的，小时候是觉得听这些很烦的，可是现在我发现，作为一个普通人你希冀得到比较优越的人生，刻苦真的是唯一的出路。

一直以来，我都太凭天赋和喜好在做事，因为天蝎座的骄傲，很多事情看明白了就不屑于去做。直到今年，我开始发力做陈大咖公众号，开始尝到了"刻苦"带来的愉悦，从0粉丝做到今天的数十万粉丝，算是迈出了小半步。可是有时候我会想，如果早一点发力，会不会就不用在"3×岁高龄"还在熬夜写稿？

今天和你分享我所知道的成功之道，或许我说的和你在成功学里看到的不一样，但这些都是真切的，是我作为一个小城女孩在广州打拼十余年感悟到的。

早起的鸟儿有虫吃。我真心希望大家都可以成长为优秀的自己，而不是浑浑噩噩，整天开口就是软绵绵的"系唔系嘅，真系嘅？我唔知啊"（是不是啊，真是啊？我不知道啊）这些傻话。

每个人的人生都有很多关键时刻，抓住那三分钟，可能人生就完全不一样了。

我们不需要那么功利地活着，我们所有的努力并不只是为了买车、买房，更多是为了让你不必成为总是被残酷挑选的那部分人。

你努力工作，结交优秀的朋友，三餐选择洁净、美味、用心的食物。

你带小孩和老人出门，想坐商务舱就能坐商务舱。

你想度假，轻松就预定某个海岛最好的酒店，带上家里人一起。

这样的日子不好吗？

如果你说："我早就过着这样的生活了。"我只想说："那好吧。"

做快乐的事情，剩下的交给时间

——和对的人在一起，选择比努力更重要。

六月，广州，雨一直下，我去老城区礼拜，在路边买了一捧新鲜洁白的玉兰花，好闻得很，最爱这种不经意得来又不失雅致的物件。

我很喜欢六月，虽然没有什么大的节日，唯一的端午节也没有什么突出的祥瑞，但六月，难道你们不觉得是很多新故事的开始吗？

有很多的应届毕业生，手里拽着或多或少的offer（录取通知书），他们会走上不同的职场，开始新的人生片段。

01 "体制内"or企业

公务员＝铁饭碗？现在大学生考公务员的热潮好像没有以前那么狂热，但公务员这个选择，依旧是很多父母心目中孩子最好的归宿，他们那个时代经历过改革开放、下岗大潮，"体制内"就代表"金饭碗"，一辈子不忧柴米。

坦白说，我在大四的时候也考过公务员，想着多一个选择不会差。当时考得分数还不低，但因为报考的职位竞争异常激烈，最终连面试都没能进入。回头看，其实非常庆幸，因为我的性格完全不适合做公务员，就算是能进，估计是《甄嬛传》里片头曲还没唱完就挂了的那种。

我的建议是，就算其他人说"体制内"单位好、福利好，你也要问问内心，你到底是谁，你喜欢过什么样的日子，这关乎你的人生面貌。而且，现在公务员制度一直在改革，幻想中的"钱多、事少、离家近"，往往只是一个传说。除非你从小就有志于仕途，或者是有耳濡目染的社交经验，否则进了大编制、大单位，你希冀几年内建功立业的成功可能性是比较小的。

"体制内"工作是种什么体验？有朋友形容，在"体制内"工作，自己关于专业的一些想法就像是往空气挥拳，自娱自乐，想要"让事情发生"的撬动成本很高，大多数时候你只需要乖乖做好上级交代的工作。

在企业呢？在企业工作，纵然也可能有"宫斗"，但很多细节都可以用能力说话，你的外语水平、你的PPT、你的专业观点、你的执行能力、你的KPI（关键绩效指标），是很容易被看到的，老板只要不太昏庸，一般不会亏待一个可以帮他干活赚钱的人。

中小企业的稳定度不能和"体制内"比较，但谁说你会在一家企业干到老死呢，说不定你十年后已经有自己的公司了。

02　择业方向怎么选

第一份工作，终于可以拥有独立生活的能力，可以自己选择租房，选择家具和上下班的公交车了。

但是工作怎么选？我的建议是——第一份工作不代表你的一辈子，所以不要太纠结于工资，但第一份工作会引导你之后的职场方向，所以一定要慎重。如果第一份工作做了很短时间就马上辞职重来，大概就等于十三幺做了一半改成做碰碰胡，试错成本已经高了。（不好意思，我是麻将爱好者。）

其一，先选行业，再选薪金。
打个比方，如果有两个offer，一个是你非常想了解和进入的行业，一个是你兴趣一般但也可以接受的行业，前者给你两千元，后者给你六千元。是我的话，我肯定挑第一份工作。因为毕业后要做的最重要的事情，就是入行，接近这个行业最牛的"大拿"，看别人是怎么玩、怎么做，学会和喜欢的行业中讨厌的人、事、物相处，而不是去另外一个行业，然后整天念叨着"唉，好想知道怎么进入xx行啊"。

我有一个大学同学，很会拍照也很会写文章，毕业后进了一个垄断型的企业，是那种父母一听就会笑出声的工作，但她这些年问过我好几次"想进媒体行业，怎么办"，问到现在大家年龄都3字头了，孩子也要去幼儿园了，她已不能不顾一切去打拼，而且她所心仪的媒体行业也成了围城，牛人纷纷在出走，她已经错过了这个行业最黄金的年代。

人生说长也不长，喜欢、热爱就要不顾一切去追逐，当你有幸找到了喜欢又擅长的工作，恭喜你，你要发达了。

其二，摆脱学生思维。

如果你暂时还没到心仪的offer，不要慌、不要急，不要为了让人感觉到你有工作而随便去做一份你对它没有感情的职业。要摆脱这种学生思维。

什么是学生思维？就是线性的，是静态、短期、一厢情愿的。要摆脱这种思维，唯一有效的方法就是在实习期别混日子，立即投入职场，让竞争、合作、利益以及高强度教会你"工作狗"的思维方式。（"可是我不知道自己喜欢做什么呀？"——那你还是去考公务员吧！）

同时，你要跟对老大，一个在专业领域有一手的、有人格魅力的师傅。"对你最好的人，不一定是对你事业有帮助的人"，你要的是一个铁腕的、苛刻的、狼性的老大，带你去闯荡江湖，严厉到让你哭鼻子，而不是一个优柔寡断、对你呵护备至的"奶妈"。

选对行业，钱可以少，活不能少，学到就是赚到。马云教育我们，工作就是和有情有义的人一起，做快乐的事情，剩下的都交给时间。

03　去什么城市工作

如果你有得挑，如果你问我，我一定会说——北上广深等一线城市，其次，杭州、成都、南京、重庆、厦门等新一线城市，除此之外不做他想。

很多人喜欢将回到小城市等同美好的"小确幸"，而把留在大城市等同牺牲生活质量，这种文艺"中二"病显然是不轻的。

我之前和好友董克平老师聊到，很多小地方事实上是"人情社会"，如果你没有很好的人脉或者家族背景，一辈子也就那样子了。张爱玲写过："厌倦了大都会的人往往记挂着和平幽静的乡村，心心念念盼望着有一天能够告老归田，养蜂种菜，享点清福。殊不知在乡下多买半斤腊肉便要引起许多闲言闲语。"但是在北上广深——你在公寓楼里开生日舞会都没人管你。

为什么选一线？在中国，也就只有这些城市，聚集了全国最优秀的企业总部、全世界五百强的中国分舵，还有无数正在上升、野心勃勃的创业机构。在这个战场上，你可以享受到最好的公共资源，认识最牛的人，拥有最公平的竞争环境、最具潜力的薪金待遇，你的下一代也可以拥有更国际化的成长经历。

就拿我自己的生活经验来说，在广州，你可以到广州大剧院观看《窈窕淑女》《剧院魅影》等世界级水准的剧目，你可以去星海音乐厅欣赏维也纳爱乐的演出，你可以在太古汇买到最新款的LV和CHANEL，在方所看到柳宗理的铸铁锅，在环市中的正聚百货学插花。真要说文艺"中二"病，我宁可这样病，也不想天天在小地方荒凉的野河边骑单车演《山楂树之恋》。

最后是几条我朋友圈的"大拿"们给毕业生们的择业建议，每条建议都值十万元，今天免费给你看，看完别忘记分享给你正在择业的好基友们哦！

不要随便听取别人的建议。

——广州某自媒体创始人 卓滑滑

第一份工宜选大企业，作为第二份工的跳板。

——正佳文化传播有限公司总经理 郑宇利

第一份工，挑自己喜欢的行业，学会与讨厌的人、事、物相处。

——资深公关总监 羊男

眼望星空，脚踏实地。

——HeHa市场部负责人 兰姐

3C：Curiosity, Connection, Continue，好奇敢问，主动联络，努力踏实。

——五百强外企高层 华华

第一份工选择初创企业，短时间化身千手观音。

——大龙凤餐饮市场部负责人 Grace

哪怕丢掉工作，也要对上级的性骚扰说"不"。

——外贸公司职员 Vivi

第一选行业，第二选企业，第三选老板。

——房地产行业高管 Jackie

如果有同学比你赚钱多，要么问他愿不愿意和你换份工作，要么乖乖回去干活。

——著名设计师 Ben

所谓的专业不过就是天赋加努力

——何谓时髦？就是你总能买到别人不知道的尖货！

前几天收到一条私信：咖姐，我毕业后想去xx时尚杂志工作，请问他们有员工宿舍吗？

看来是时候告诉你们时尚媒体人是怎么活的。

01　住哪里

首先，一个合格的时尚媒体人，一定不会在自我介绍里面出现"时尚""资深"等字眼，因为这样太"low"了。这种字眼只能在别人嘴里说出来介绍你，而你只需要不置可否的淡然表情就够了，切忌用力过猛而"low"掉。

毕竟"时尚"这个词从气氛上来说不是太时髦，对，你从来不说时尚，这词有种国产的傲娇，仿佛孙红雷戴着白色框架的眼镜。你只说

"时髦"，复古得来又有文青品味。如此时髦的你怎么会允许自己住在单位宿舍里呢——尽管这个公司从古到今都没有想过要提供给任何人任何宿舍。

作为一个刚入行的编辑助理，不用多想，你一定是和几个同学合租在某座楼梯房民宅里。你满心向往的是繁华地带的小复式，不过它的租金已经接近你一个月的工资了，所以想想就好。宫洺的市中心玻璃房豪宅，时尚女主编那一梯一户的高尚大平层……亲，醒一下，你家大老板都不一定能住进去。

但，你整个人看起来根本不像正在合租的状态，你貌似体面。追求美和时髦这件小事，仿佛流淌在你的血液之中，伴随着你的钱包一起成长。就算是四个人共用一个厕所，就算是囊中羞涩的小角色，你还是可以在自己的小卧室里硬"凹出"一个最适合拍照的梦幻角落。IKEA（宜家）会员特价时买的地毯，每个"屌丝"都拥有的39元刨花木方桌，有点来头的玻璃杯里插着你下班后买的一束茉莉——广州这个城市没什么特别的，就是务实与浪漫齐飞，地铁口和隧道里总会有鲜花卖。

02　做什么

一开始你的工作，是帮大编辑去品牌店借衣服，准备大片的拍摄，因为预算有限，打车费还要自己贴。你爱极了借衣服的感觉，尽管这些名品或早或晚都要还回去，但指着新品说"这个这个不要，其他全部包起来"的感觉，太赞了。

每次拍摄前你会狂翻外国杂志——《I–D》《Monocle》《装苑》……
国内的时尚杂志多数看不得，就香港的《Milk》还能看看。看搭配，
看主题，看版式，保持新鲜感总是没错的。

慢慢地你一步步变成了编辑、高级编辑、编辑总监，房子也总算可以
租到自己的一房一厅，可以独立操作选题和带助理了。虽然依旧是蛮
辛苦的，上午还在品牌新品发布的香槟酒会推杯换盏，下午就拖着
五六个大袋子站在六月的广州路边找不到计程车。

看到这里，你可能会诧异——我还以为这群人天天飞巴黎、米兰，
每一季都收到公关寄来的免费奢侈品，不喜欢就随手扔给助理和前
台呢！

不好意思，很多人真的连LV都没有摸过，就开始在写爱马仕这一季
的丝巾是走什么风格，巴黎顶级买手店Colette最值得关注的五个品
牌是什么……你觉得他们真的比大家有钱很多吗？

并没有！
所谓时尚媒体人，就是拿着三千元工资教月入八千元的人如何过上月
薪三万元的生活。
那为什么时尚媒体人们每一个文章都能写得身临其境呢？
因为热爱啊！因为学习啊！因为看得多啊！

03 怎样变得时尚

要懂得时尚而不媚俗，需要不着痕迹的审美训练，每个编辑一定有过疯狂补充时尚领域知识的时期。

所谓的专业不过就是天赋加努力罢了。

因为有专业知识的储备，善于翻墙，喜欢研究，善于留意，编辑们总是可以比大多数人先发现潮流的趋势，并且过滤大众的流行，只挑选那少数的尖货。世界这么大，就是有你不知道的事情。

如果你看得足够多，你也可以是时尚编辑。

生活不会轻易给你一副好牌

——感谢有你在。

01 便当再不如意，也要微笑

广州开往香港的直通车有两种。一种是双层的香港"KTT"（广九直通车），一种是内地的"和谐号"。

普通列车有红色盒透明盖的四宝饭，"KTT"高级列车有包装得很讲究的港铁便当（杂菇素食饭是我的真爱），价格都是四十五元。

价格略贵，但物有所值，可能因为每回赶车都饥肠辘辘，我觉得这个便当简直是人间美味，米饭晶莹剔透，配送的菜肴也称得上丰盛，尤其是蔬菜（很多时候是高丽菜）被焖到熟透，吸收了肉汁精华后好吃得不可思议！

列车员并非推着小车沿路售卖过来，而是拿着小本子点单并收费，然后再回餐车取便当，顿时觉得用心程度加分。刚加热好的便当拿上来热得烫手，奉送的茶水一样滚烫得可以把舌头揭起一层皮，其中的即场制作感比起坊间的快餐店是有过之而无不及。

要论这个饭菜便当，"KTT"的出品要比普通列车好吃一些，而另外的直通车之宝"卤水鸡腿"则是普通列车胜于"KTT"。

出于标准化生产的考虑，"KTT"的鸡腿是盒装微波加热型的，很容易显得又干又柴。而普通列车的厨师则是艺高人胆大地用钢盆子来卤，再用保鲜袋手抓着递给乘客，在昂首前进的列车中吃一个油亮亮、热乎乎的大鸡腿，心里就是美得很。

可，说点真心话吧。
便当能有多好吃呢？并没有好吃到感人肺腑，真的并没有。鸡腿大腿部位的肉，其实蛮老的。但是鸡腿子连接鸡爪子那个关节的皮肉，又嫩又滑，还有一股子卤味特有的香气，那叫一个美味。

呐，生活不会天生给你一副好牌，正如命运不会轻易把你想要的东西给你。
但便当再不如心意，你也要微笑，并且期待下一顿会更好。
发掘每个便当有多好吃的小能力，这是美德。就这么"穷开心"地活着吧。

02 我爱钱！不妨大声说出来

女友说，她最近遇着一个极品。每次她在朋友圈更新自己新买的衣鞋、饰品，总有个追求者私信她：你又乱花钱了？这个不便宜吧？以后你也这样过日子吗？

她气急又心塞，只是涵养十分之好，只是淡淡地回应几句。

又有一女友说，和老公离婚只因他太抠门，不给换最新iPhone6，自己偷偷买了一部，骗老公说是公司中奖的。每次外出吃饭，超过三百块老公便给脸色看。她说，虽说勤俭节约是种美德，但作为月收入超过三万元的小家，偶尔"吃好点"，不为过吧？

还有一闺密说，分手了，前男友问她要回三千元，算作是拍拖时请她吃饭的钱；怎么算出来的，还真不知道。我说，幸好幸好。

真想问，这世界怎么了？奇葩自然有，但为何一个个出生名校、人美、能力高的妞们，也会遇上这样的人间葛朗台。这年头，女人不仅要学历辉煌、经济独立、人格独立，还得时时刻刻把"我爱钱"三个字印在头上，这三个字是驱赶极品的妙药，让他看到你赚钱的能力和花钱的能耐。早早互相知会，总比遮遮掩掩好上了，然后又以"价值观不同"互相克扣来得好。

深刻研究"吝啬"二字，还分许多层次。有分婚前大方、婚后吝啬，婚前吝啬、婚后大方，对人大方、对己吝啬，对人吝啬、对己大方。

有一些吝啬是对人无危害的，比如对己吝啬、对人大方。但，不给自己花钱，也不让别人花自己赚的钱的男人是猥琐的，当然还有更猥琐的，就是吝啬得来还要女人倒贴，他们往往还会和李安相比。

男人为心爱的女人花钱，可以说是一种本能。所以才有"心在哪儿钱在哪儿"的说法。每一个在感情里盘算能多占对方多少便宜的人，说出来的爱只是虚荣的遮羞布。而在爱情转身之后，开始醒悟对方的抠门，其实也只能怪到爱的消逝头上去，否则当年一样的街头麻辣烫，为何今天吃起来就不开心呢？

我们不要算计的感情，因为那样没有意思，既是如此，就要在开始前把丑话都掰开说个明白。爱钱的，不妨大声说出来。

别轻易让世界原谅你的平庸

——所谓的风光人前，只不过是走出来的血路。

01　当你正准备感动全人类，却发现世界正在原谅你的平庸

我向来是不会为我的身份自卑的，一个妈咪，一个已婚妇女。偶尔有新认识的朋友得知，都会很惊讶地说："天啊，你已经有小孩了？看起来都不像呢！"

我心里默默翻了一个白眼：你是有多爱演，不然你告诉我做妈应该是什么样子。

或许是因为还有紧实且瘦的手臂，或是给自己买买买时任性的小眼神，以及嚣张的眼线和睫毛，还有一股子好奇心和荒腔走板的幽默感……

但问题是，为什么人们普遍会认为这些并不特别的特征，我身为人母了就不"配"拥有呢？

直到有一天，我在一个人来人往的五星级酒店餐厅，看到一个年轻母亲。她带着两个孩子，吃着吃着，她把脚一架、上衣一扯，当众给孩子喂起奶来；一边喂奶还一边吃饭，动作十分娴熟……那一刻，我并没有感受到母爱的光芒，竟然是觉得臊得很，仿佛当众喂奶的人是自己。

同样作为一个母亲，我明白她可以有一百八十个理由解释这个举动，比如不方便、麻烦、孩子饿了等不及了、有什么所谓也没人看我、就一会儿怕什么……这种强大无比的师奶哲学，可以完胜十里之内所有人且让自己带上圣洁的天使光环。

但问题的重点是，她并不是没得选，其实干干净净的母婴室就在不远处，对不对？这种琐事的处理方式，完全在于她把自己放在什么位置。

"没什么关系"——这是种危险的心态。
如果时间倒退十年，她是一个少女，难道会如此不顾形象、蓬头垢面地坐在餐厅露出胸部吗？

我并不是说对这件事要小题大做，但这对于每一个企图自我放弃的母亲来说，就是天大的事情。是的，每个人都有资格放任自己身材走形，让自己穿着领口变形的 T 恤去参加同学会，因为走不开，半年不修剪头发，舍不得买一个物品愉悦自己，哪怕那只是不贵的一个小东西……这些都是毁掉美好女性的第一个心理暗示。

每一个升级做母亲的人，都应该拥有自己内心的一块小天地，甚至说，你要比少女的时候更加注重自我，因为你的荷尔蒙有可能会席卷你，让你成为一个全身心牺牲和付出的人。如果你真的变成这样，那只是因为你真的是一个爱护后代、充满责任感的好人类，但这么好的你值得拥有更好的人生。

《红楼梦》里，贾宝玉说女儿是水做的，无趣的婆子们是死鱼眼睛。"不加 V"曾在微博成功搅起一场和"师奶兵团"的对骂大作战，起因是她说楼下遛娃的全妈（全职妈妈）们眼神荒芜……对，很刺耳，很不好听，所以我们不要变成那样的人。

万万没有想到吧？当你准备感动全人类的时候，世界正在原谅你的平庸！

从今天开始，每天要有属于自己的"me time"（个人时间），家里要有属于自己的"me corner"（个人空间），钱包里要有属于自己任性挥霍的"me budget"（个人预算）。当你发现你可以更好地爱自己的时候，当你不再用自我牺牲去对别人进行情感敲诈的时候，你会发现这世界刚刚为你绽开更好的一面。

引用一句林清玄的金句：真正的生活品质，是回到自我，清楚衡量自己的能力与条件，在这有限的条件下追求最好的事物与生活。

再进一步，生活品质是因长久培养了求好的精神，因而有自信、有丰富的心胸世界。

在外，有敏感直觉找到生活中最好的东西。在内，则能居陋巷而依然创造愉悦多元的心灵空间。

02　告诉你我的每一天，你应该不会羡慕

我喜欢看的公众号有那么几个，有一个叫"六神磊磊读金庸"的，我几乎每篇必看。金庸老先生的作品我也非常喜爱，熟读于心，常常很佩服六神君用世故而又不圆滑的一颗心，去解读武侠小说里的角色和桥段，有时候我觉得，金庸本人都未必在写的时候想得这么深入。

六神磊磊有一篇文章，写的是"看看黄蓉的一天，你可能会更懂她"，看罢反正我是长舒一大口气。白天操办大型活动，人前风光，背地里要提防着竞争对手来渗透搞事儿，转过身又是家庭大保姆，看到襄儿暗自流泪，要在夜晚担起知心好妈妈的责任，轻声细语直到小少女闭眼睡着。自和衣睡下，隔天又是打仗般的一天。

每一个需要平衡家庭和职场的女人，何尝不是这样过着每一天。更何况，我还远远没有黄蓉那么美丽、那么聪慧、那么心思缜密。

最近半个月，我每天都过着比较崩溃的生活。工作上一堆最高紧急的事情，书约接了两部，孩子刚去幼儿园需要过渡和适应，家里还有搬家和装修的一万个细节要敲定。有时候朋友会说："好佩服你，几乎每天都能更新一篇文章。"我都会呵呵一笑——

如果你知道我的每一篇文章，都是被打碎成一百片，断断续续写出来的，会不会更多一分佩服？

有时候粉丝会说羡慕我，因为经常周游列国，做自己喜欢的事情，还能赚钱、拿奖，名利双收。但是宝宝们啊，如果你们见过我在机场、大巴、餐桌、博物馆前争分夺秒地写稿，见过我在海边美景头也不抬地用手机工作，在雅典娜神殿的树荫下和客户越洋电话会议，甚至为了匹配国内的工作时间，当地凌晨五点起来工作……你就不会羡慕我。

每一天虽忙，但晚饭时间，踩着万家灯火回到家，看到热腾腾的饭菜和可爱的宝宝，心情就会顿时好了起来。如果不是做了妈妈，你们不会看到现在的陈大咖。

以前的陈大咖是一个贪图享乐的、得过且过的"聪明人"。现在我不是不贪图享乐，只是我连"贪图享乐"都要排进日程，而且我学会忍耐和体谅。

作为一个不甘心的主妇，在这做妈妈、做作家的几年里，我心境变化很大，首先是意识到自己是一个普通人。大家不要笑，真的，作为一个天蝎座，我曾经觉得自己很优秀，有一种莫名其妙的优越感。但是现在：我觉得自己是一个再普通不过的凡人，会犯错，也应该允许别人犯错。

我会更加温和地去和世界过招，暴脾气还是有，但是我会尝试慢下来。在能力范围之内寻求最好，但也不死磕，高质量的生活态度一直坚持，但也随遇而安，生活的好与坏本来就是一种平衡，我都可以欣然接受。

最重要的是，我会把专业的事情交给专业的人：家里的卫生我会交给家政阿姨（也是换了十来次才找到现在这个靠谱的阿姨）；感觉疲劳的时候不选择自己开车，选择用手机叫专车；娇贵的衣服，送去干洗店。

给予家和爱更专业的支持，这就是成熟。

人啊，最重要的是认清自己

——古人说的话，总是对的，只是我们做不到。

在希腊出差的时候我才明白，怪不得说这国家要破产，这边的生活是太舒服啦！路边树上随手摘的无花果，中间流淌的是蜜汁。每一天的早餐，最爱就是希腊酸奶加蜂蜜。

都说希腊是哲学的故乡，到了希腊对于人自身的思考，我也一直想找到一个源头。据古希腊的文字记载，被称为"大地的肚脐眼"的阿波罗神庙，就有一个源头。

在神庙的旁边刻着一句最有名的圣谕——人啊，认识你自己。这句话可以被称为人类思想的永恒坐标，后来被苏格拉底发扬光大，成为一个贯穿古今的哲学问题。所以，看到神殿真身的时候，我还是很激动的，虽然我也看不懂希腊文。

古希腊人的智慧影响深远，他们认为——认识自己才能富于智慧、得福免祸。

其实，这句话在如今的育儿话题中也适用。认清自己，是一种生存智慧，更是一种教养智慧。

01 加倍奉还

不知道你们会不会觉得，很多父母总把自己成长历程的经验加倍奉还到自家宝宝的身上。我最近一直在思考一个问题：用大人的价值观念来评判孩子的世界，这样是对的吗？

小时候家境不好后来又赚到钱的，拼命给孩子买东西，吃穿用度都要最好。某叔叔五十多岁才有了宝贝儿子，每天都给孩子喝各种瓶装的果汁饮料，因为这东西在他眼里就是童年的稀罕之物，"只要心肝说喜欢，咱家又不是买不起"。

有的父母自己觉得这辈子深受应试教育摧残，一心要让孩子在玩乐中度过无忧无虑的童年，却忘记了大部分普通人最终还是要服从社会秩序，用考试成绩去获得改变阶层的敲门砖。还有一些人则是这辈子吃了读书少的亏，望子成龙的心爆棚，砸锅卖铁也要挤进最好的学区，每个周末都在补习、补习、补习。

父母们常常说的"让孩子做自己"，其实更多时候是"让孩子做父母眼里的他们自己"，父母们只是用自己此生的知识储备去尽情"宠爱"下一代，提供给他们自己认为最好的一切。分明是我们用自己的价值观把世界割分成了"赢家"和"输家"，然后鞭策自己的小孩：去，去把爸爸、妈妈、爷爷、奶奶未曾拿到的奖杯拿回来。

"子非鱼，安知鱼之乐""子非我，安知我不知鱼之乐"，这是个死循环。

每一个孩子都有自己的性格，被逼着学琴的孩子，可能在武术方面有天赋。而学跳舞的孩子，可能随手画出来的画特别优秀。

父母，最大的功能就是认识自己是谁，也认识孩子是谁，再适度引导，让孩子发挥他们的长处和优点，站在父母的肩上看世界。每个人有每个人的运行轨迹，想赢的人，自己会知道怎么赢。

02 在古希腊学到的

在希腊小镇德尔斐，站在阿波罗神殿的遗迹前，忽然我也想明白了。所谓的对他好不好的教育抉择，都只是自己的同理心在作怪。我们期望自己能理解和尊重孩子，又希望孩子不要受咱们的眼界桎梏，可以去追逐更大的梦想，成长为一个比想象中还优秀的人。这两者其实并不冲突，身为人父、人母，难就难在要在"认清你自己"和"毋过"的智慧中去平衡教育。

希望孩子造更大的梦，是因为人生的天花板很多时候受格局所困，如果没有梦，一辈子只能是父母影子下的傀儡。比方说，如果你家宝宝有表演天赋，喜欢在人前展现才艺，那又何必让他遮遮掩掩呢?

给天生巨星范儿的孩子们建造一个梦幻舞台。让站上舞台的小朋友尽情释放自己的表演欲望。

有人看到小童星就说"让孩子这样抛头露脸真的好吗"，拜托一下，关晓彤从四岁半开始进入影视圈，一直没停止拍戏，最终还以专业第一名的成绩考入北影。四岁的福原爱哭着鼻子还在哀求妈妈继续练习打球的视频，咱也是看得热血澎湃。

早点让孩子寻找到他们愿意为之付出一切努力的领域，这很重要。
说了这么多，我们说的"认清你自己"，也许就是你要修炼成为"懂事"的父母。

Chapter 4 为什么一直奔跑，
还是只能留在原地

我们以为很容易，只是有人分担了那些不容易。

你不是落入凡尘的公主，

也无法成为穿越的"玛丽苏"。

所以，活在当下，想做的事就抓紧去做。

失败者心态自查：我没错，错的是这个世界

——与其叫人同情，不如让人羡慕。

我曾经在陈大咖公众号发了一篇文章：《你有病吗？凭什么说我是黄脸婆》。

有读者留言："这样的文章在颜值至上的社会里到处都是，给心里苦的妈妈们压上最后一根稻草，希望有人关心她们的情绪和内心多于外貌。"

其实我可以轻松编出一些像孕事、某妈网之类发的"黄脸婆文"——妈妈最伟大，爸爸滚一边去！啥都帮不上忙，我一个人又当爹又当妈，你看我这头发乱糟糟，衣服好久没买新的，我们做女人的好苦、好难啊！让我们一起抱团取暖吧！

从不，我和我的"粉"从来不需这样的怜悯。

01 没有谁可以等到完美了再如何如何

我们要的很多，容颜美丽，姿态从容，要有很多很多的爱，也要有很多很多的钱，即使是偶尔的低谷，也一定会站起来。

我想帮你的，就是灌你喝点精心熬制的"心灵鸭汤"。

我们常常会说：你过得好，不过是因为你美、你瘦、你有钱……如果我像你那么完美，我也可以啊。

"完美"这个词其实并不是那么的完美，尤其是用到人身上的时候。其实，谁的苦处又比谁的少呢？只是不说罢了。

自己达到完美再去追求一个结果，这可能是每一个人都会有的想法。我完美了，再去追他（她），而他（她）不接受，是他（她）的问题；我的工作完美了，再去找老板加薪，不加，老板就是二百五；我的产品完美了，再去市场上推广，顾客不买账是他们瞎了眼。

类似的句式可以套很多很多出来。看起来很正确，对不对？

醒醒吧同学们，这个世界不是这样运转的。凭什么你自己认定的"完美"，人家就一定要认可？

"等我完美"是一个很简单的暗示：我没有错，错的是这个世界。这么"中二"的"甩锅侠"，绝对是人见人怕的。

完美，是一种对自己的要求，但完美不是筹码，不要试图用它控制别人的想法和决定，让别人因此赋予你一些额外的红利。

那追求完美有错吗？我很肯定地告诉你，绝对没错。而且你们知道，我本身就是个有完美主义倾向的人。但我们都必须接受一个现实：我们都是凡人，都会有一些错误和不足，是不可能完美的。只有在神的世界里，完美才会存在，才会必定造就好的结果。

这个世界的规则是混乱而残酷的，就像蝴蝶效应一样，从来就不是你我的素质和意志就能改变的。

02 你唯一能做的是让自己走在追求完美的路上

这个完美不一定需要有目的，最好是没有功利性，仅仅从自我认知出发来追求。

坚持锻炼，是我自己喜欢，人鱼线是长在我身上；坚持化妆，是我自己喜欢，掩盖缺陷，展示优点，连我都爱上自己；坚持读书，是我自己喜欢，懂得去反思、去梳理，遇事不怕事大；坚持奋斗，是我自己喜欢，可以让我的情绪更愉悦，不向谁伸手，喜欢的东西任性买。

活在当下。想做的事就抓紧去做吧：想瘦，就马上！想买，就马上！想变得有趣，就马上！
不要等永远不会来的"完美"，等到黄花菜都凉了！

十年后，我同学已经有亿万身家了

——为什么我一直奔跑，都只能留在原地？

我有个大学同学，自创的互联网创业项目刚成功融资九位数。

嗯，九位数是什么概念？

个、十、百、千万、十万、百万、千万、亿！对的，是亿！

也就是说，当我还在日夜兼程养家糊口、码字、找图的时候，我这个老同学只是数钞票就能数到明年春节。

当然，这亿万钞票不是凭空掉在他头上，他要对投资人和团队负责，他的创业故事，何尝不是一把辛酸泪。

今天，我只想问你：十年后的同学会，你觉得大家会怎么样？

01 人生赢家≠成功

我们常说，十年是一个世代。

其实不需要十年，毕业三五年你就会发现，曾经看起来起跑线相似的一群同学老友，已经因职业的不同选择而显露出各异的气质。而毕业十年后，人与人之间的距离已经被彻底拉开。

我不喜欢"成功"这个词带来的市侩感，这让我想起机场书店门口，小电视机不停播放的"成功学演讲"和那些站在旁边引颈观看、神情荒芜、裤头还挂着钥匙的中年男子们。但，我喜欢研究人生赢家。

广州另外一个女作家黄佟佟老师写过一句话我非常喜欢：

人来到这个世界上其实都是草芥，无论长在哪块地界，都得努力成长，成为一棵生机勃勃的树，没有强大内蕊根本就禁不起人世风尘的侵蚀。

我常说，每个人的境遇不同、出身不同，和别人比是没有意义的，自己能比昨天好，就已经是高贵。

我曾在晚饭散步时，遇见一个收垃圾的工人，他把捡到的一个粉红色大风车插在垃圾车的前面。当他跑起来，风车就"啪啪啪"地转动着。和其他的垃圾车比起来，他的车显得特别浪漫、别致。

无论从事什么职业，都可以在自己的能力范围内尽量求好，在天地之间努力成长，这样的"草芥"就是我心里的人生赢家。

我想和大家分享我研究出来的人生赢家四条定律。

先声明，要做到后面这四条是很难的，不然我也早就发达了。

02 永不止步的努力

你知道最可怕的是什么吗？不是别人比你有钱，比你聪明，而是别人就算是这样了，还比你更努力。

先说说工作总结。有一次我在微信公众号上和大家分享了如何写工作总结，后台有个读者问我："何必呢？有必要吗？"其实我何尝不想睡死在家里，但我觉得既然喜欢吃、喜欢买，喜欢好车子、好房子，那么就需要钱；钱要用劳动时间去换，那就要勤奋工作；想工作得更好，就要做好工作总结啊！这个逻辑应该没有错。

再说说体面的资格。运气或许只是努力的代名词，像我这样的"新广州人"，还有无数去到北上广深、杭州、成都工作的他乡人，大家心里都清楚——如果不努力，连体面地留在这座城市的资格都没有。

对，我用到的词是"体面"。从小我的父母就教育我，你有小聪明，但比你聪明的人还有很多，而且我们家很普通，帮不了你，无论是考大学还是找工作，你都只能靠自己。

这让我想起《爱丽丝梦游仙境》里，爱丽丝问红桃皇后："为什么我拼命跑，却没有往前走呢？"红桃皇后回答："你必须不断奔跑，才能够停留在原地。"

——是不是觉得很残酷？来，我们再抽一根。

03　做个爱惜羽毛的人

爱惜羽毛。这是我在传统媒体学到的最重要的品质。你混的圈子远比你想象的要小，别造次。

每个人都会有质疑自己的时候。"那个谁谁谁，吃相太难看了。这样也会发达？"当你思前想后，愿意抛下一切的顾虑和坚持，不顾一切地加入"吃相难看赚大钱"的行列中时，你会发现一个更加残酷的事实——当你放弃底线的时候，你依旧不能如愿地得到你想要的结果。

——是的，亲！放弃底线也是需要天分的，不是你想做就能做好的。这个世界是很现实的，有人说是笑贫不笑娼，但我宁可相信那只是企图逆袭的失败者的臆想。事实上：这个世界会笑贫，更会笑娼，企图做娼还依旧贫的人，没救了。

这么多年，当我摇摆的时候，我就这样告诉自己——别再羡慕隔壁的饭菜香，既然已经选择了窄门，你要做的事情就是一条路走到底。

"爱惜羽毛"的意思也包括，无论是什么情况下，你要把经手的工作做好。如果你总是给人一种"这件事情交给他就糟了，他会搞砸"的感觉，那简直就无路可走了。

04 坚韧，耐住寂寞

据说，"陈大咖式的小广告"在广州已经是一种标杆。

事实上，从进入广告系统开始，我十几年来一直在练习这个技能。在很长一段时间，我做广告软文只能赚很少的钱。你们看杂志那样一个页面大的广告，分到我头上只有二百块钱，如果拿到特级稿好像是三百块钱，但经常要用很多时间去准备，没有任何性价比可言。

最开始的时候，我每一天只能看到早上的太阳，因为等我下班的时候早已是万家灯火。是的，每个阶段都很难，但每一步又是很有趣的。如果在乎的是钱，工作还有很多选择，但只要一份工作还能为你增长见闻，那么就值得为之等待。

十年后，我成为公关圈著名的"陈一稿"，回头看，如果没有以前的千锤百炼，就不会有陈大咖今天的这个形象。

我一点都不觉得过去的"低收入高付出"是傻，反而有满满的感恩。生活中的墨菲定律常在——相信你们在路上都看过这样的现象：大家好好地按照车道行驶，有些人但凡只要有一点点塞车，就开始左穿右插，一点亏都不吃，什么便宜都要占，最后那个人也不见得比别人快多少，甚至很大可能选到了最慢的车道。

听我的，要耐住寂寞。我听过太多成功前的寂寞故事。

朋友的餐厅，租下来才知道被人骗了，店前的路是断头路，平时没有什么人气，开始三个月生意差到极点，食品原材料都是整袋整袋倒掉的。后来附近的桥开通了，很多车开始从门口过，很多人才发现——啊，原来这里有一家茶餐厅。他家的生意这才开始慢慢旺了起来。十年后，这家店成为广州最成功的茶餐厅之一，很多人特意开车从市区跑到番禺，就为了吃一碟他们家的炒牛河。

05　开心做事，永远乐观

我的一个好朋友，他是广州最好的美发师之一，人称办公室姐姐杀手的明镜台权哥，来城市里谋生就是为寻找更大的世界。说白了也就是想赚点钱。

他天生喜欢和头发打交道，最初在路边摆摊剪发练手，因为"至少这样还能摸到头发"，旁边的大爷收三块钱，他就收两块五毛钱。但就算打价格战，还是没人找他剪发，因为大爷已经在那里摆摊好些年头，所有人都认识他，连城管来了都只撵权哥走。

有一天他被赶，无处可去，就走进了一个工地，有个地盘工人看到他，问他是不是路边那个剪头发的，他刚好需要理发。权哥大喜过望，说"是啊是啊"。那天下午，他剪了工地上一半工人的头发，比蹲路边两天剪的还要多，他心中无比欢愉。

十年后，他的顶级美发沙龙开进了广州的五星级酒店。

我不是教你呆，也不是要你诈，一个人能做、擅长做的事情其实很少，所以，无论你在从事什么行业，无论你是不是觉得自己被待遇所亏待，只要你还觉得这事有意思，那好事很快就会到来了。

穷人和富人的区别是什么？不是钱的多和少，而是是否老想着凑合过、凑合做。须知，越这样过，格局越小。

然而，在我们成为都市拼命三郎的同时，不要忘记对自己好一点！只有不妥协的生活品质以及对健康的负责任态度，才有资格成为人生赢家。

你以为自己很牛，
其实是有人帮你承担了腥风血雨

——你感觉很容易，只是因为有人帮你分担了一部分的不容易。

曾写过昆凌，我在文中引用了周杰伦的一个朋友说的话：谁会不喜欢工作了一天回家看到这样一个老婆呢？

然后，我收到了一些读者评论的挑战，她们觉得："为什么养家是女人一方面的责任？""选择结婚生子，所以要安顿好全家让男人赚钱来养活自己？"

好吧，我们来好好聊一聊。

假设一个女人成家生子，她对家庭的态度会有以下几个可能：

A.对老公孩子不闻不问，别问为什么。(就想问问，你在"形婚"吗？)

B.对老公孩子偶尔关心，看心情做事。(佩服你的任性，你一定有个非常殷实给力的家庭，有人帮你做了你不乐意的事情。）

C.对老公孩子比较关心，在能力范围之内。（这是大部分兼顾着职场和家庭的女性的状况，也是我的状况。）

D.对老公孩子非常关心，尽自己所能。（偏执的职场女性以及称职的全职主妇可以做得到，当然，前者会很累。）

那么，问题来了。

01 问题一：为什么敢宣称自己想做一个好太太？

不得不承认，我和我的一部分好姐妹的理想其实都是做全职太太。我们希冀着自己有一天可以在家安心摆弄着一亩三分地，然而残酷的现实是，我和好姐妹们都是在各自的专业领域打拼的一群职业女性，既想辞职回家专心带娃，又舍不得已有的江湖地位，也舍弃不了一份收入，更怕被时代抛弃。

女强人从来不会说自己想做女强人，正如只有很红的明星才会说出"想退出娱乐圈"这样的话。

我从来不会担心，承认自己想要好好照顾家庭这件事情，会显得过分传统且不够"女权"。回归家庭，只是职业属性的一个变化，做全职太太一点都不比所谓的什么高级白领低等，要打好全职太太这份工，更难！相反，我觉得有的喊得响亮的"女权"走得太过极端——"女权癌"和"直男癌"是一个路数，都是"我是这个星球上最高级的生物，你们全部都要给我让路"。但请记住，无论是造物神话还是物种进化，男女永远是不可能独立而存活在天地之间的。

男人和女人是好伙伴，不是死对头。爱是互相给予，而不是互相索取。

02 问题二：运营好一个家，需要几方面的努力？

我时常认为，除了爱情，一个家的建立在磨合中逐步形成一个利益共同体，为了共同的价值和信念一起前进，每个人各司其职，这才是一个小家兼容并包并持续发展的前提。家里有余粮的又有需求的，可以将部分职位拿出来外聘人才，比如常见的钟点工阿姨、保姆，还有司机、厨师、管家、律师。

如果没有这样的家庭实力，就请两个人好好打好配合赛。

我之所以想用尽所有地爱护我的家里人，是因为他们爱我更多。有陈大咖，就是因为先有了陈大咖的老公。有努力的陈大咖，也是因为有了乖乖有米。

因为有了软肋，所以我要更强。

在我还没成为"网红"之前，是先生独自养家三年，是他一直鼓励我做陈大咖。如今，每个夜晚当我在敲打文章的时候，他在给有米唱"摇篮曲"。家里的积木、家具、水电维修都是靠他在捣鼓。我把车撞了，修车和保险也全部交给他。

我去年在德国时买了件三万块的香奈儿外套，然后我后悔了，连说要去换成一个包，先生在微信和我说："没事，买吧，我给钱，你也没什么像样的衣服。"当然，让他报销之余，我还是换成了一个香奈儿CF（小户人家出身，还是无法接受自己买那么贵的衣服，感觉包比较保值，见笑了）。

我们从当年月入两千五百元的大学生奋斗到今天的所谓"中产"，虽然手上还是没什么钱，但他还是努力让我过得体面一些。在这种情况下，我也希望能为他做好一些小事，比如他最不喜欢思考的吃穿用度，交给我来研究就好了——MUJI（无印良品）的格子衬衣比Uniqlo（优衣库）的更笔挺，但Uniqlo的内裤又比MUJI好穿，用乐敦的隐形眼镜清洗液最方便，博朗的剃须刀好用，FREITAG的邮差包有型且不俗……不是晒恩爱，而是知道还能过下去，这些又有什么要紧的呢？

谁活着都不容易。所谓相爱就是互相支持着彼此的背。这让我想起契诃夫在小说《醋栗》里的那段话：

"幸福的人之所以感到幸福，只是因为不幸的人们在默默地背负着自己的重担，一旦没有了这种沉默，一些人的幸福便不可想象。这是普遍的麻木不仁。"

当你觉得很容易的时候，或许只是有人帮你做了不容易的部分。没有人可以独善其身地生活着。

03 问题三：嘚瑟归嘚瑟，别忘记回头看

我们的生活是由很多人默默背负起来的，当你嘚瑟和狂妄的时候，记得回头看一眼。

当你眼红别人住豪宅、开好车的时候，别忘记，你的老父老母在家乡，买一个瓜分成三顿吃，就是知道你在大城市立足不容易，什么都要用钱，他们不希望成为你的负担。

当你腹诽亲戚爱管闲事，竟敢开口问你谈对象的事的时候，你不知道，你背井离乡的时候，是这个讨厌的亲戚，在给你生病的家人送饭送菜。

当你抱怨老人带孩子理念陈旧，不够称心如意的时候，你有没有想过，他们白天帮你带孩子还要买菜、做饭、做家务有多不容易？没有他们，你的人生会陷入一片混乱。

当你认为同事关键时候掉链子，总给你制造麻烦，烦不胜烦的时候，其实你掉过的链子，别人早已帮你捡了无数次。

所以别老觉得全世界欠你的。

你不是落入凡尘的公主，也无法成为穿越的"玛丽苏"。

So，请对生活多一点感恩，对身边人多一点爱。死不了，真的。

会透支的朋友圈等不起精致的利己主义

——朋友圈哲学：小心透支。

之前因为工作的关系，微信好友中加了一个全国知名的"大V"，从那一天开始，那位先生就逢三岔五给我发信息，内容不外乎是"如果你有空，请帮我朋友圈最新那条×××点个赞，好吗"。

和他的对话框里，一整排都是同样的句式，很有礼貌，很有阵势。

01 利己只是一种普遍的人性

你觉得，我会积年累月给他点赞吗？反而是那些平日里一直有交流、分享、互相问候的朋友，偶尔他们摆明目的，希望"集赞"去换优惠券或者参与抽奖的时候，我会大力为他们奉献我的大拇指（如果我当时有空的话）。

轻轻一次点赞就可以帮助朋友得到想要的东西，不是也很美好吗？如果你只是把我当成一部点赞机器，我为什么要配合？

这让我想起一些画面。大家好好地在公众场合走路，总会有一些人忽然在电梯口停下来——他们迷茫了一辈子，却会在那一刻停在扶手电梯的入口处开始思索人生何去何从——这时候你会急刹车，而后面的人又会止不住涌上来；感觉相当危险。还有一些人，飞机着陆后，大家走过廊桥进入机场，他们会忽然停下来翻自己的包，一瞬间也造成了交通要道的堵塞。

这两种人，其实只要往旁边迈一大步，就可以完全避免自己给别人造成的麻烦，同时也可以更游刃有余地处理自己的事情。

其实我也能理解，毕竟大家都是把自己的事情放在首位，也算不上自私。

"自私"这个词充满了道德批判，但利己只是一种普遍的人性。我从来不认为"利己"是一个坏词——当然在我们所经历的教育体系和宣传口径中，利己从来都是要被批判的，所以没有人敢标榜自己利己。

扪心自问，当你非常赶时间，售票处又只有一张车票了，你会让给后面那个人还是先下手为强呢？如果你的票是站票而你非常累想坐一下，这时候你硬要找到人让座给你，可能吗？

但，若你愿意拿二百块出来，或许当下就有人愿意和你交换。你以最快的速度得到一个座位的权限，而对方可能觉得小赚一笔也不错。

高尚的道德，只能是对自己的要求和期许，而不是指责他人的工具。

02 我能为你做什么

在谈论合作的时候，在需要帮助的时候，在向人开口的时候，我会反复思考"我能为他（她）带来什么利益"，而不是自说自话——我需要这个那个，你能不能帮我这个那个，然后被对方拒绝说"我凭什么帮你"，于是玻璃心地痛苦得死去活来的。

想把事情办好，就要思考一个利人利己的模式，坚决不要损人利己，不然，终有一天大家都会绕着你走。

的确，会有少数的挚友、爱人、亲人，不求回报地帮助我们、爱护我们，但这样的看护使者，我们一生中又能遇上多少个呢？遇到了，当然要好好珍惜，爱是世界上最伟大和包容的情感。张爱玲说过："你问我爱你值不值得，其实你应该知道，爱就是不问值不值得。"

但是，以为全世界都不讲条件地成为你的神助攻，那是"玛丽苏"，是若曦，是电影、电视剧才有的套路！大部分存在于圈子之中的"点赞之交"，彼此之间只是存在一种远远的、和爱完全不沾边的普通交情。在扫了二维码就可以称之为朋友的年代，我们对交情一词要更加反复掂量。

北大中文系的退休教授钱理群曾经把中国大学培养出来的大部分产物称之为"精致的利己主义者"。这个词有点意思，但我不谈主义，只说自己的想法。

利己的关键在于公平交易。极端一点，你可以把人与人之间的所有互动行为都看成是交易。不要怪我说得太直接，不极致一点你们记不住呀！其实你们知道我是一个最讲义气的人，但这样坚持久了真的很累。我们就是太喜欢拍拍肩膀说交情、讲道德，不喜欢有一说一，罔顾契约精神。

比起讨价还价、斤斤计较，我更不喜欢那种愚蠢的善良——碍于情面答应了，然后不情不愿地去做，心里充满了懊悔和不甘心。

所以，利人利己是什么意思？当然是斗争、磋商、讨论、磨合之后，在一定的共识下达成的良性合作关系。

所以，如何让自己偶尔利己的求助能被注意到而不被追着骂呢？请你在平时积累人品，做一个不令人讨厌的人。端午节给朋友手打祝福信息，出国的时候给同事、亲友带点好玩又不贵的小礼物，多多关怀身边的人，在力所能及的时候提供专业的帮助，在生孩子和结婚的朋友圈状态下面衷心祝福。

你的圈子和跟人的交情，就像是刷信用卡，不可能总单方面透支。透支了怎么办？赶紧还款啊！

别为反对而反对，做个纯粹的女人不丢脸

——但凡为立而破、为反对而支持，实在是单细胞动物所为。

01 所谓"直男癌"

新阿姨终于到岗了。每一个新妈妈的育儿史，也是一部和全国各地阿姨过招的血泪史，懂的可以来抱抱。

新来的阿姨是典型的广东女人，浓眉大眼，问我："甘我应该点样称呼你呢？"（"那我应该怎样称呼你呢？"）

我说，你叫我小陈，或者曾太。
于是，她就一直叫我曾太了。
我问她中午做什么饭菜？
她很认真地说："整乜菜？屋企系老公稳钱，就应该听老公既，老公话食乜就食乜。老公如果尿黄，就应该饮鸡骨草猪骨汤，如果腰痛，

就稳龙骨来煲汤。"（"做什么菜？家里是老公赚钱，就应该听老公的，老公说吃什么就吃什么。老公如果尿黄，就应该喝鸡骨草猪骨汤，如果腰痛，就用龙骨来煲汤。"）

或许，阿姨会带给我一些新的处事方法，感觉为我打开了新世界的大门。

这让我想起之前在微博被攻击的周国平。

他在微博上写道："一个女人再高，成就再大，倘若她不肯或不会做一个温柔的情人、体贴的妻子、慈爱的母亲，她给我的美感就要大打折扣。"

这句话引起了很多人的反感，许多网友在下面评论，抨击这种言论是"直男癌"、陈旧腐朽的封建主义观点。

后来周国平默默把微博删掉了，不过他其他评价女性的微博下也已经评论泛滥。

或许在一个不吸人眼球才是罪过的社交年代，周国平也不全算倒霉，起码他的微博应该是涨了粉。

他还曾在微博说过："也许，男人是没救的。一个好女人并不自以为能够拯救男人，她只是用歌声、笑容和眼泪来安慰男人。她的爱鼓励男人自救，或者，坦然走向毁灭。"

可见，他喜爱的是传统式的女人，相夫教子、温柔体贴，他乐于见到女人陪伴男人观看人生风景，虽然说出来显得过时，但这样的女人在什么时候都是最受夫家和朋友喜爱的类型。

02 所谓"女汉子"

现在的社会之所以好玩，就是因为提供了很多活着的可能性，有大把另类的活法等着你去挑选。

但为立而破、为反对而支持，实在是单细胞动物所为。比如很喜欢标榜女性的独立而硬着头皮扛下很多本不应女人做的责任，因为支持剖腹产而偏不顺产，因为支持奶粉喂养而拒绝母乳喂养，为表达自己不追求名利而找一个生活真的很拮据的老公，又或者是因为不愿意做男权的附庸而成为一点就着的定时炸弹……

真想问问，你在逗我玩吗？
今天是想和你们说，那些"心灵鸡汤"没什么意思，总是让自己像打了鸡血一样撞得头破血流。那只是所谓强势给我们带来的毛病。

上帝创造了男人和女人，自然赋予了两性不同的职责。不是说每个人都应该有出色的性别特征，但也无须为彰显男女平等的立场而刻意用粗鲁和强势去掩盖女性的柔美，那样你不如干脆去工地搬砖头！

曾有极端女权主义者发明了让姑娘们站着尿尿的小便器。此举只能用行为艺术来理解，若真的推广则太过无趣。

不可否认现在的城市女性，在生存方面已经不大需要男性了，无论是生理结构还是心理结构都强大得令人侧目。她们可以通过电商购买大件电器，叫家政公司来修理家电、送水，举起拖鞋打蟑螂利落无比，连床伴的关系也可以用"Partner"一词概括。男人的功能性大大降低。

但不是说表现得像个汉子，女子就获得了独立的旗帜。女性的独立不外乎两个方面：经济独立和人格独立。当你拥有了独立的魅力，再温柔如水也不会成为男人的附属品。

我们大部分人的青春期曾是裹在雌雄莫辨的宽大老土的运动服里度过，我们曾经羞于提及情愫和性征，但人生没有那么多时间给你哆哆嗦嗦和摸摸索索，如果你习惯了把荒于拾掇和粗野散漫的性格推到"女汉子"三个字头上去，那么终究是没有未来的。

关于怎么做一个女人，我也在学习。
从小我们被教育得太好强，无论是读书、做人、处事、赚钱，何尝试过不如男人？

女人不为男人而活，但并不用为了表达这种坚毅的信念便不把男人当一回事，事事与传统的幸福方式作对，那样你会错过很多本该属于你的人生片段——给你安全感的爱人、可爱的孩童和幸福的家庭。

若可以，请站到一米的高度来看世界

——没有讨厌的城市，只有不对的相处方式。

多年前曾在香港找过王菲和徐濠萦的御用发型师 Ben Lee 电头发。他是很有意思的人。一边剪头发，我们一边闲话家常，后来聊到生孩子的问题。

他说："你生唔生呀？"（"你生不生孩子呀？"）

我说："唔生，我自己都仲系一个细路。"（"没有生，我自己都只是一个孩子。"）

他说："甘你可以扮成年人嗟！"（"那你可以装成年人！"）

01　假装成年

Ben Lee 说得也有道理。所谓角色，就算本色演出也难免再加几分戏，人生角色也不例外。

我曾经是一个摇摆的丁克主义者，对小孩这种生物，大部分时候都是觉得比较麻烦且敬而远之的，遇上朋友的狗总是比遇上朋友的娃更热情。

就算是现在为人母，我也不能对自家娃和可爱娃之外的娃产生一种突如其来的母性，并不能。比如说，在商场里满地窜的熊孩子，总是不小心就碰到路人。我不止一次想象过，如果他们往我这个方向扑来，我就稍稍一侧身，让他没法摔在我身上，最好摔个狗啃屎。说出来觉得自己有点坏，这多少和我在假装成年人有关。

我想，很多父母和我一样都在装成年人。
你们去玩具城看就知道了，多少爸爸入迷地流连在乐高区，多少妈妈眼神颤抖地拿起一套最新款的芭比娃娃，多少奶奶在海边专注地玩着挖沙玩具，多少爷爷陪着宝宝玩遥控车，一遍、一遍又一遍……

对了，还有一些吃货在孜孜不倦偷吃宝宝的辅食！比如我，杂莓果泥真的很好吃！还有鳕鱼芝士条、嘉宝酸奶豆豆……比零食更好吃还更健康。

每到这时候，就觉得有个孩子真不错，打开了世界的另外一扇窗户。好处当然不仅限于此，当我们装成人的时候，不代表就比孩子高一等，很多时候反而是孩子启蒙你。

02 一米世界的哲学

人们总以为是自己在教育小朋友，但偶尔电光火石之间的"教学相长"会令你深刻感受到，小孩子的世界非常单纯，但却深具力量。相对那种属于生命本纯的洪荒之力，当你企图用大人世界的规则去剖析的时候，就弱爆了。

外婆想逗有米，问他一个万年难的哲学问题——你从哪里来？有米一侧头："我从窗户边边来的。"好一个四两拨千斤，问答非常缜密、翔实、无可挑剔。

我严厉批评有米把饭菜吃得到处都是，有米认真地说："不生气，不生气。"对啊，生气什么呢？又不是无法解决的事情，擦擦地板就好了，而且他才两岁啊，为什么要苛求他一来就能学得吃饭时每一勺子都非常准确？那只是我这位天蝎妈的焦虑和控制欲又爆棚了。

站在路边等迷路的专车，我心急火燎皱着眉头，怀里的小人儿指着某电器城门口那种俗不可耐的红色充气拱门说："看，彩虹。"对啊，你盯着路忧心忡忡，也不能让专车开快哪怕每小时一公里，还不如放松心情，到处看看风景。

小朋友们抢玩具，当你准备好说辞要和对方父母理论一番，他们却已经开始牵着小手继续愉快玩耍了。孩子的世界，有争执，但不隔夜。最喜欢的是小孩表达爱的方式，他们从来不吝啬吻。喜欢妈妈就亲，喜欢爸爸也亲，当爸爸和妈妈一起抱着他，他还要指挥爸爸妈妈互亲。

成人的世界总讲求高瞻远瞩，当你愿意蹲下来，不需要很多，从一米的高度去和这个世界打交道，你可以试着从孩子的视野去寻求另外一种豁达。

这时候，我们可以看到一个新的世界——孩子的"一米世界"。

03　没有讨厌的城市，只有不对的相处方式

牵着有米走路，他有时会突然在路上停下来。"妈妈，看，那是xx。"很抱歉，其实有时候我听得并不是很清楚。

我没有耐性等待，只想拖着他继续快步离去，但执拗的小朋友会惊天地泣鬼神地哭喊着说想停下来再看看。
育儿书上说，妈妈和小朋友说话时，要学会蹲下来。我照做了，于是我在我熟悉的日常里，看到了另一番风景。

难怪小孩的世界特别浪漫，八十厘米是城市绿植花草开得最茂盛的高度，紫荆花树干刚长出来的嫩叶子很像碧绿色的兔子，小野菊的香气刚好弥漫到鼻子前。

八十厘米的高度，特别容易看到路上忙碌的蚂蚁和我还没来得及认识

名字的小虫，地上一滩水迹就会让小孩子乐开了花；当花瓣落下漂浮在水上，看起来的确像一片童话中的湖泊。

午后，树影婆娑摇曳倒影在路面，柏油路上随处都可圈出一幅抽象画。偶尔我蹲下来给儿子绑鞋带或撕开棒棒糖的包装糖纸时，抬头发现八十厘米的世界里，少了广告牌的欲望压迫，机动车和匆忙行走过的人像是另一个宇宙生态里的庞然大物，高楼变了形，观感倒也是奇妙。

不信？你现在就试试看蹲着走路，世界完全不一样了。

当然，成人的世界很忙，等着我开工的通告也很多，我并不会在路边蹲太久。但偶尔忙碌间隙我就会想起，在有米八十厘米高的目光所及处，是观看这个世界的另一个角度。

其实，一直都喜欢步行多于开车。我步行上下班，从家到写字楼，走二十分钟的路比找二十分钟的停车位省心得多。步行时思维特别清晰，路边的一个新建筑甚至只是一个擦肩而过的路人甲能给你一些不错的信息和灵感——整个人豁然开朗。

走路，是一天里最好的自省时刻，记忆中最美好的走路时刻，就像是和自己在谈恋爱。

"城市不会泄露自己的过去，只会把它像手记一样藏起来，它被写在街巷的角落、窗格的护栏、楼梯的扶手、避雷的天线和旗杆上，每一道印记都是抓挠、锯锉、刻凿、猛击留下的痕迹。"

这是卡尔维诺在他著名的城市学读本《看不见的城市》的话。旅行到不同国家和不同城市，最好的了解和融入当地的方法，就是不怕迷路的步行。

散步是深度体会城市的方式，散过步的城市，记忆是立体的，沿路必定会遇到很多惊喜，即使是在你熟悉的城市，也会像展开了一场新的旅行——

街角古着店找到的好看包包。

拉面店老板的热情和友好。

甚至循着街角飘来的咖啡香气。

意外发现美好的街头小店。

更新了自己私人的米其林餐单。

Chapter 5 如果事情还没好，
只因还未到最后

最终所有前因，都会指向同一个后果，

两个人就这样在茫茫人海相遇。

这不正是人生有趣的地方所在吗？

所以，给以后的生命，找一个对的人。

我只是不想做不喜欢的自己

——一个孩子他妈，那么努力做什么？

有一段时间非常辛苦，一方面是本职工作忙，另一方面是自己玩票性质地开了一个微信公众号，但没想做得还可以，所以更忙了。

苦是苦了一些，但也有乐。腾讯后来颁发了一个"2016年度影响力自媒体"的大奖给我，拿到沉甸甸的奖杯之后，我在别人见不到的地方偷偷抹了几把眼泪。

从媒体记者转型为自由撰稿人，再到做微信公众号运营……这几年，走得踉踉跄跄，终于收获了第一个小果实。

那些日子里，我做"陈大咖"公众号进入白热化状态，只要给我一台电脑，我就可以在任何地方——机场、车站、咖啡厅、烤肉店等，都"入定"似的进入专注写稿的状态。

01 为什么那么拼？越努力，越幸运

姐妹们说我是"工作感满满"。

以前的我坐在沙发上可以气定神闲，玩手机两三个小时不移位置。

现在的我走过的地方，似乎连空气都感觉到是风风火火的。

但是，对比其他更优秀的公众号运营"选手"，我是不称职的。因为我很贪心，什么都想要。家庭、事业，少了哪一个都不甘心。

自从做了公众号之后，我变成了"灰姑娘"，无论要参加再多的活动，我都尽量在晚上十点前冲回家，抱着儿子哄他睡。等他睡熟了，再用锥子插大腿的毅力爬起来捣鼓稿子。

朋友有时候会问我："陈大咖，你为什么那么拼？"
"我真的很拼吗？"我会问自己。

越努力，越幸运；而越努力，就越觉得自己不够努力。

其实，我的动力真的很简单——我只是不想做不喜欢的自己。
在2014年年初，我做了妈妈，虽然声称"等出了产房我就会瘦的"，但还是有很多的事情，只有过来人才懂。宝宝出生后7个月，我一直坚持母乳喂养，所以我很容易饿，经常一顿吃下半只鸡。我姨妈来家

里看我，一进门，她说："天啊，你怎么胖成这样了？"

生完孩子后第一次参加媒体活动，席间我讲了一件那时生活里我觉得很有意思的趣事，结果大家听完，相视一笑，迅速聊起了其他话题。

有一次家里来了个抄水表数字的工人，他说想借厕所。我明明不愿意，因为我们以前的家，面积特别小，没有客用卫生间。但说出口就变成了"好"。结果那个人上完厕所，拿我儿子用的毛巾擦手，弄得地板都是水，又把水踩进客厅……把我家搞得一团糟。

这一整年，我似乎变成了一个非常面目模糊、不敢表达的人。

现在回头看，原来每一个迷茫的新妈妈，想回到原来的状态都需要"一跺脚，一咬牙"。

你问我"为什么要那么拼"，我再说一遍：我只是不想连自己都不喜欢自己。

而令我感恩的是，现在的我比以前更好。
身为资深拖延症患者，陈大咖都可以改变自己，你也一定可以的。

02 重返职场的意义

有了宝宝之后，是选择在家相夫教子，还是重新回到职场厮杀？

我觉得最终的选择因人而异。只是对我自己来说，我是一个需要新鲜事物刺激的、惰性很强的人。如果和社会脱节太久，会变得畏畏缩缩、斤斤计较。

意识到这个问题之后，我将自卑化作动力，重操旧业，希望做一个连自己都喜欢自己的人，希望儿子以后可以骄傲地和同学说"这是我的妈妈"。

常说父爱如山，那么妈妈就应该是一湾清泉，温柔如月、水滴石穿、涓涓细流，更重要的是，能照出孩子未来的样子。一个母亲给孩子的，不仅仅是呵护和时间，还有生命中的每一个行为。

重回职场，重操旧业，我并不只是为了自己，更是身体力行让孩子看到我们应该这样和世界交手。专注和负责，是该有的态度。

当然，忙起来，是有代价的。到有米三岁的时候，我给他洗澡的次数，估计两只手都数得过来。不能无微不至地照顾孩子，略有一点愧疚。但回头想想，我给了孩子更完整的生命感受，让他可以攀爬在妈妈的肩膀上看到更广阔的世界。

这个也很重要啊。我们才是孩子的起跑线。

谁说做妈妈，一开始就是出色的呢？谁不是这样"一步佳，一步难"地走过来，有意气风发，有失落沮丧，有自我怀疑。

"都不要紧的"，我告诉自己"不要紧"。

事业，需要火候；写文章，需要火候；做妈妈，也需要火候。

是时候，让我们明白什么叫专注，什么叫责任，什么叫守护。

值不值得嫁，看他怎么吃饭就对了

——怎么看能不能托付终身？

眼前这个男人能不能托付终身？这是很多女人心里的疑问。所以才出现了"我和你妈掉到水里，你救谁"这种无脑的问题。

而那些情感专家所谓的婚前问卷，我也并不信奉。就算你对之笃信，万一对方也知道这份问答的完美答案呢？而且，说总是比做容易，那你不就入了套路吗？

事实上，一个人的出身、性格、心理活动是可以通过生活习惯去揣测的。

人每天都要做什么？吃饭啊。人一天不吃饭可受不了，能装几顿饭的样子，久了也没法装，饭桌就是一个人最大的马脚。

看他怎么吃饭，你就知道这个男人能不能嫁了。

01 一看他吃喝的时候，心里有没有你

渣男案例：有个朋友，和她男人去酒店，结果男的居然马上把酒店送的两小瓶矿泉水全部喝完了，一点都没问她渴不渴，想不想喝。

后来他们果然分手了，原因是男的是他爸妈的老来子，从小就被宠得无法无天，超级"妈宝"，什么都要和家里报告。

分手导火线才狗血。有一次她看到男的他爸给他发短信，说："小 x（我那个朋友）比你大两岁，你可要想清楚啊，女人更年期的时候，你还有性需要，你们的生活就不和谐！"女友马上跟他摔门分手。

如果一个男人吃喝的时候总是先想到自己、满足自己，比如说总是把最好的水果挑来吃掉，点菜只点自己喜欢的，习惯性在菜里挑挑拣拣……这样的男人，性格里一定有非常自私的部分，而且很可能源于他的家庭。

讲难听点，遇上大饥荒，你觉得他会分给你半个馍馍吗？分分钟把你煮来充饥啊。

另外几个分手的案例，听起来也和吃饭有关。

有一次，女友 B 带着新男友一起吃饭，点了很多汤汤水水的菜，大家都说了一起用公筷，只有她男友用自己的筷子到处夹。我看了都觉得很烦。后来他们果然也分手了。男人吃饭的时候，心里不能只有自

己，社会化程度不能太低，否则就变成白目（缺乏礼仪修养道德、搞不清状况、令人生厌的人）。

爱是什么，爱就是照顾、着想、惦记。《志明与春娇》里面，春娇为了让志明吃上一盒香港街头7-11的速食意粉，又拎又提，像呵护眼珠子一样，把意粉送到了北京长城公社的饭桌上。

不问你为什么要，全力支持你，这就是一种爱啊！

真实存在的爱，不需要到处问"大师，您看这是不是爱"，只是同饭桌就能互相感受到：你不喜欢吃的，他能帮你吃了；他不喜欢剥海鲜，你甘心帮他剥壳、挑虾线；把对方喜欢吃的放在他（她）面前……

互相爱惜和包容，不管从现实角度，还是爱情角度，都是一段好婚姻的基础。

02 二看小细节，吃喝的习惯看出身

中国的很多人都有饿的记忆。但现在大家已经都吃饱很多年，大多数人的餐桌礼仪也是正常的，吧唧嘴巴、抖腿这些不好看的小习惯，我们也可以兼容并包。但如果男人还留有"饿死鬼"一样的吃饭方式，那说明他小时候的环境可能很不好。

听朋友说过她老公的吃饭德行——屁股还没沾到凳子，嘴巴就凑到碗

边去，吃饭比猪还快，生怕慢一些就吃不到似的。

即便她老公白手起家，把批发档口做到当地的数一数二，家里现在别墅、司机、保姆样样有，但这个丢脸的习惯还是改不了——小时候家里五六个小孩抢饭吃的贫穷记忆给他的刺激太大了。而我的这位朋友，也免不了一年到头要照顾夫家的乡下亲戚，有些亲戚经常一大家子来省城求医、办事，就在他们家白住、白吃一个月。

还好我这位朋友是位二十四孝好太太，打点老公的饮食起居，也照顾他背后的一整个村的人，毫无怨言，所以备受家人爱戴。

举这个例子，并不是和大家说，如果看男人吃饭的习惯感觉他很穷，就千万不要嫁给他。出身不好也有绩优股，也能有真爱。

最关键是每个人清楚自己要的是什么，婚姻的本质是求仁得仁、称心如意。如果女方只是想做个豪门少奶，坐享荣华富贵，相亲看到企业家的经济条件非常好，嫁过去才发现原来是个"凤凰男"，一年到头需要处理的琐事不断。
你改变不了他的原生家庭，自己又没法胜任大家族主母的角色，婚后才闹得鸡飞狗跳，那就没意思了。

所以，结婚不只是两情相悦，看对方的吃饭习惯，了解他的原生家庭，想想你自己的期望值，是婚前的必修课。

03 三看一起做饭，是否愿意同心协力

婚前不仅需要试爱，更需要一起做几顿饭。

如果男人一直袖手旁观，任你一个人忙前忙后，那你就要警惕一下，婚后的家务可能都是你一个人的事了。如果你推说不舒服，让他去洗碗，他还是不肯，那更是说不过去了。

我身边有女生是家政达人，从来不需要老公进厨房半步，那样很和美。但如果你和我一样也有自己的工作和事业，那家里的事情就肯定需要两个人齐心协力去解决，就算是请保姆吧，半夜也总得有个人起来冲奶粉。生活有太多鸡毛蒜皮的事情了。

琼瑶老师曾在访问里说过："婚姻，其实很简单，彼此配合和欣赏，就是不二法门！"可惜人间，大多数的人，都没有碰到那个"对的人"，婚姻才造成许多悲剧。

有时候，我们会在工作和社交上遇到挫折，会失落、会无助、会颓丧。如果这时，家里黄色温暖的灯光里有一个人在等你，为你准备了简单的热菜热饭，我想这就是婚姻的意义。

会做饭的男人最性感。甘愿为爱人"洗手作羹汤"，不仅对女人适用，男人更适用。位高权重如王石，不也要为小情人做世界名菜"笨笨红烧肉"吗？

我们要的不是"你必须在房产证上写我的名字"，或者是"我和你妈掉到水里，你要先救我"这种缺乏安全感的口头承诺。

我们要的，不过就是——愿得一人心，白首不分离。

高智慧人种，及时止损才是王道

——*爱是什么？"不作就不会死"。*

01 你有难坠爱河综合征吗

你身边有这样的人吗？明明人是极好的，但一直是孤家寡人，旁人不知道，作为成年人，他们的性需要是如何解决的，但这些人的确如表面上看着那样孑然一身好几年，一点儿没有想找另一半的苗头。

有一天，我朋友说她好像得了"hard to fall in love"（难以坠入爱河）的病。

有时候我在想，或许真的有一些高智慧人种是不需要卿卿我我的，他们专注于爱好和工作，不再浪费时间在你侬我侬的事情上，可以清心寡欲地过着"大隐隐于市"的生活。

我认识这么几位常年不交男朋友的妹子，却发现她们多少是有心理隐疾的。

朋友小 A ：表白恐慌症。

朋友小 A，相亲无数，斩获为零。每次有男士向她靠近，吃饭、看电影、游车河她都可以去。她谈吐斯文、外形温顺，给人留下很好的印象。爆炸点总是出在男生告白的那一刻，她会像惊慌失措的小兔子一样逃开，而且这种逃不是欲擒故纵的把戏，是真的不再接电话和见面的决绝。

我问她："你不喜欢对方吗？"她低头说："也谈不上不喜欢，就是在被告白之后觉得非常羞愧。"我对她咆哮说："求药别停！"

朋友小 Z ：暧昧作死症。

朋友小 Z，五官很有风情，毕业于名校，有金色履历，工作"钱多事少离家近"，平时还帮杂志写点都市情感小说赚赚零花钱，在外人看来她太懂男女之间的那些你来我往了。奇怪的是她自己一直都没有恋爱，每次和男生开始暧昧时期，那就是她作的时候了：今天生病，明天不开心，后天没心情，好不容易一群朋友约出去唱 K，她就像一朵白莲花插在熙熙攘攘的尘世中，不爱唱歌，不爱吃自助餐，不爱玩骰子……

我问她："你既然不喜欢为什么要跟他出去呢？"她说："拜托！他够爱我的话就要包容我这些乖张啊，我是装出来的！"

羞愧的爱，患得患失的爱，放荡的爱，随时随地来一次的爱，都是爱情的一种面貌，但如果它变成了全部，结局真是很残酷。虐心，那只是存在于百度贴吧穿越剧的专用名词，现实生活的剧情是"不作死就不会死"。

圣经里有一句话是对爱最好的概括：爱是不嫉妒，爱是不自夸，不张狂，不做害羞的事，不求自己的益处，不轻易发怒，不计算人的恶，不喜欢不义，只喜欢真理；凡事包容，凡事相信，凡事盼望，凡事忍耐。爱是永不止息。

爱难以被定义，但令人愉悦的爱情无非是阳光的、上进的、宽容的分享，就像《张三的歌》里面唱的"我想带你到处去飞翔，走遍世界各地去观赏"。
愿大家都有充满爱的每一天。

02　你听说过，拍拖也要止损吗

听朋友说了一个狗血又普通的故事。
这是一个本是恩爱的夫妻却落入俗套的故事。男的在外面有了情况，对方百般纠缠和"逼宫"，女的痛苦欲绝，经历反反复复的精神折磨后决定放手。

她老公其实不傻，对方今天虽年轻，但总有一天也会变成黄脸婆，说不定还不如家里那个看厌了但起码为自己生儿育女的女人。于是，世纪大贱男，自如地游走在两个女人之间，既想要老婆打点家庭，帮他照顾老小，也想维护他倦鸟知返的男人形象，另外一方面又继续偷腥，尽享齐人之乐。

女人都这么傻？她竟是每次都原谅他，等待他回心转意的一刻，或许是想赌一把，又或者是觉得每次能把老公留下就是向对方挑衅。听者无不义愤填膺，觉得她傻，为她觉得不值——这样的男人，拜托赶紧踢走吧！然后说，如果是我，我就怎样怎样。

人在听别人故事时，常常会把"如果是我，我就怎样怎样"的话挂在嘴边，眼里揉不得一颗沙子。但别忘记，有时候，事情就是匪夷所思的，不必怀疑为何，也不必苦苦追寻答案，非要说，可能是一时犯蠢罢了。

人生啊，很多事不是非黑即白。

就像你有时候搞不清楚自己的信用卡丢在哪里，吃饭的时候为何会点明明不喜欢吃的蒜泥青瓜，和领导喝酒怎么脑门一热说了很多不合适的话，明明是下雨天偏要穿白布鞋……鸡毛蒜皮的人生尚且如此不能一口分清楚黑白是非，就更别提那番薯藤一样的感情纠结。

及时止损才是王道。

也有人是聪慧的，之前闹得不甚体面的香港某男歌手家暴一事，女生没有继续忍耐，已经向法院提出离婚。就像没有人会买一支明知道会输的股票，即使买的时候它曾经前景辉煌，如果有一天它的水准跌到永无回升之日，可能令你的资产越来越少。及时止损才是王道。

与其死守无底洞，不如早做打算。

用炒股比喻感情不尽然全对，显得太薄情寡义。但感情的付出无非是想有一个圆满的结果，至少不是死守没有未来的无底洞。一位伴侣是否值得长线持有，当他出现曲线波动时选择等待还是出局，一切都是个人选择。

作为追求美好的你我，除了对生活心存期待，也要为丑陋的一天做好打算。

心里有个靠谱的止损点，并不能让你发财致富，但会让你在关键时候不被本能和惯性驱使着走。

顺其自然这个大招能让人更淡定

——家里要迎来新生命，紧张是人之常情。

当妈这条路就是一直在奔跑，一直在操心。如今当妈妈两年多了，回头看有很多的事情，其实顺其自然比较好。

我有几个心灵大招传授给你们。

01 别阻止我买买买，我家娃要给全世界最好的

孕妈们主要的任务就是把身体养好、定时产检、学习育儿知识、囤母婴用品。宝宝要来了，需要添置的东西自然不在少数，有条件谁舍得委屈自己和娃儿。

准妈妈很容易觉得——"要做妈妈了，人生大事，可千万别省钱啊，买买买！"

对，咱们想的都对，但囤货也要理智！不是因为省钱，而是因为小孩子简直是见风长，小衣服很快就穿不了了，不像大人，一件好皮衣可以穿好几年。对于普通家庭来说，选择优质的、零甲醛和零有害残留的品牌童装则可。像优衣库、无印良品、西松屋这几个牌子，我都经常帮衬，价格不贵，质感舒服，款式也非常可爱。

如果亲友给你赠送闲置的宝宝的小衣服，千万不要玻璃心，觉得"什么鬼，现在是觉得我很穷吗"。孕妈总觉得自己的孩子值当用世界上最宝贵的东西，一旦有大妈劝你省一点，自己心里还觉得"钱是我的，关你什么事"。

您悠着点，等生下来，你们才知道花钱的地方还多着呢！就算是土豪，真心也没必要事事要强。我老家有个习俗，在小孩出生前向宝宝健康可爱的家庭讨要几件旧衣服，以后小孩也会变得一样好养，讨个好意头。

新旧交叉使用，环保又不掉价。现在谁家的娃不是宝？吃穿用度都是极好的，所谓的旧衣服也就是洗了几次，很多都还崭新的呢。以后，你家宝宝太小的衣服，也可以转送给好朋友。

我传授给你们的大招一：凡事顺其自然，豁达明亮、兼容并包的心情，会让你在育儿的路上从容优雅，不再死磕。

02 他们都说这个好，那我是不是也要跟风呢

有时候别人随口的一句话，就会令孕妈内心纠结：是这样吗？我是不是没有为孩子做到更好？我是不是一个好妈妈？

别人说好，是不是你也适合？比如说，我朋友家住的是那种低层楼梯房（无电梯）的高层，因为在网上看到"怀孕日记"主题帖，楼主大力推荐一个高大上的婴儿车（超重的），她就跟风海淘了一部，结果每次搬回家都累得够呛，放在楼下又怕被偷。

另外一个朋友，听别人说游泳对宝宝有好处，马上花一万多块买了婴儿游泳卡，但那个游泳馆离家有十站公车站的距离。于是，经常是白天她和老公上班了，孩子外婆就背着一个大书包、抱着小孩坐公车去游泳馆，老人舍不得打的。这一折腾，大半天就没有了，老人还特别辛苦。

了解自己，也了解小朋友。从怀孕到生产的过程，其实是对自己和家庭的一个梳理过程，你是什么样的人，就顺其自然选择什么样的生活方式。

真的非要这么极致地追求一件事情才能让宝宝快乐发育吗？真的只能在迪士尼和大公园才能开心奔跑吗？真的只有上昂贵的早教课程宝宝才能开智吗？
当过妈的人都会告诉你——才不是。

你处心积虑"海淘"回来高级玩具，他们却更喜欢蹲在小区的花园里看蚂蚁搬家；比起昂贵的进口儿童辅食，他们还是觉得妈妈亲手做的新鲜果泥更好吃；你给他买最新版的早教课程，他却帮外婆和面，玩得不亦乐乎……

我传授给你们的大招二：放轻松一些，不是别人说什么好就是好。了解自己，也了解小朋友，才能提供给宝宝们恰如其分的呵护。

03 越想越担心？找朋友聊聊吧

刚成为准妈妈的少女们，角色要转变，心里各种患得患失，对未来的无数不确定更是说不出的恐惧。各种烦恼、彷徨、紧张……这个太正常不过了，没关系的，是女人都是这样过来的。等你生老二的时候，就会觉得什么都不是事儿了。所以才有"头胎当宝，二胎当猪"的说法。

有很多事情，孕妈们应该多和其他过来人聊聊经验。有时候朋友一句话，就可以把你带出思维的死胡同。

当年我就被医生吓唬了，他说大排畸的时候有一个什么问题，最好做羊水穿刺。当然，医生也说得很模糊，只是建议而已。当时我超级紧张，找了好几个朋友出来倾诉，包括医生朋友，大家都说"take it easy，还有第二次排畸呢，到时候再看"。

我顿时就淡定很多了，第二次检查的时候，一切就都正常起来，省了一次麻烦事。

当了妈妈的人有一个共同点，就是热心！她们亲身验证过的宝贵经验，会毫不保留地和你分享。

我传授给你们的大招三：软弱的时候，别忘记找朋友哦！

用钱解决问题，就是你赚钱的意义

——诗和远方都听吐了，先把月子坐好再说。

前几天征集坐月子经验，微信公众号后台砸来无数的留言，看得我好难过，原来这么多姑娘曾在做妈妈的第一个月里如此无助。

那天正好是5月25日。如果520是"我爱你"，那么525就应该是"我爱我"。我要给女孩子们写一篇——如果爱自己，那就好好坐月子吧。

01 别人坐不坐月子，我真的不介意

首先回答问题：外国人为什么不坐月子呢？为什么凯特王妃生完后十小时就能穿短袖站在风里，笑眯眯地让记者们拍照呢？

我想说，别人坐不坐月子，和我一点关系都没有。凯特王妃没有坐月

子，隔壁老王家的媳妇没有坐月子，我都不介意。

反正我就是要坐月子。再生一个，我还要坐。

说白了，就因为刚生完的时候，虚啊！累啊！走路都天旋地转啊！

传说中，靓妹们生完隔天就出去酒吧玩通宵——真的吗？我当时在床上躺了一周还是没什么气力。那节骨眼你就是和我说金城武在楼下等我，腰上还缠着五百万现金，我也没任何兴趣啊！

如果你的观念还停留在"坐月子就是不洗头、不刷牙、不吹风、不吃盐，什么都不能干"，那我觉得你也是蛮倔强的。

新时代的月子，早就破除了这些陋习。从社会学和医学的角度来看，坐月子是协助产妇顺利度过人生生理和心理转折的关键时期，这是从女孩到女人的一段小旅程，科学的产后调养可以重建女生的身体秩序，也让初为人母的女生心情更美丽。

再说了，王妃拍照是形象需要，后面肯定有一系列顶级调养伺候着，大家真不必瞎操心了。

其实，最让新妈妈们痛苦的，反而是心理问题。

A.和家长之间的关系——"那个月刚好遭遇我妈更年期，我天天憋得躲被子里咬着枕头哭，为了一些家里七七八八的事情哭，后来意识到可能是产后抑郁症。"

B.无法好好休息——"喂了奶就撒尿拉屎，换了尿片又饿了，又喂奶然后又撒尿拉屎……每个晚上都是这样。我婆婆睡在隔壁房从没有过来帮过忙。"

C.双方家庭的习俗冲突——"最大的矛盾是我妈和我婆婆之间的，北方人无法理解坐月子就是一碗米饭一碟蒸菜，家婆无法理解为什么产妇要喝小米粥。"

D.育儿观念新旧碰撞——"宝宝有眼屎，婆婆居然说用甘草汤含在嘴里给宝宝冲眼睛，老公也不管，我接受不了。"

E.老公也抑郁——"坐月子，面子上婆婆理应来帮忙，而婆婆心里想'我这么大岁数了，凭什么伺候你'，忙前忙后时就摔盘子摔碗。这时候人都来了，请又请不走，你一抑郁，人家就说你找茬。老公还觉得谁都不关心他了，跟你发脾气。要是有后悔药，我真的是愿意孤独终老，永不后悔！"

02 用钱解决问题，就是你赚钱的意义

几乎所有抱怨完的人都发愿，再生孩子的话一定请月嫂或者去月子中心，让自己舒服，也让家人轻松。

作为过来人，我有几个建议，但家事因人而异，大家听听就好。
A.新妈妈一定要借助家人的力量度过月子。生产时的大量体力流失

会让你力不从心，真的是鬼门关里走一转。生产之前要安排好家里的人员配置，照顾孩子的、照顾产妇的、做饭的、做家务的，发现人力缺口就去请人，不要觉得"到时候谁有空就谁做好了"，矛盾往往就是从这些鸡毛蒜皮滋生起来的。

B.营养搭配要均衡，以清淡、可口、自己喜欢的食物为主，我那会儿就超爱吃茭白鸡丝、番茄鸡蛋、莴笋木耳瘦肉等家常炒菜。那个月还一直在看都韩剧，有天特别想吃炸鸡，老公还专门跑去给我买德克士吃，吃了也没啥事呀！推荐一个好东西，当时我在香港买了一套"补益坊产后28方"，从医院回家开始每天一服汤药，从生化汤开始到温补，觉得非常好，感觉身体也没有以前那么怕冷了，曾推荐给多个闺密。

C.好的月嫂非常重要，照看产妇和小孩，教会全家人科学的育儿方式，还能兼具催乳师和通乳师的作用。经常有人问我有没有月嫂推荐，全国那么大，我哪能通天啊？现在有很多农村妇女去上几天家政课就自称是月嫂出来捞金，质量良莠不齐，身边被月嫂坑的朋友有不少，找个靠谱的比登天难。我的建议是——必须选择身边有朋友亲自用过并且推荐的月嫂，价格方面不用太敏感，金牌月嫂一定是贵的，而且供不应求，你愿意请的话就把定金给够，让她没有放你鸽子的机会。而且选择月嫂之前要面试，看她和你能不能合得来，面相是不是和善，对母乳喂养和奶粉喂养的态度。

D.听着都要崩溃了是不是？没关系，我们还可以去月子中心啊。有人说，住月子中心有什么好的，你回家后还不是要面对一地鸡毛？我想说，中午吃饭了晚上也会饿啊。这只是个消费观念的问题，至少把最艰难的时间度过了，之后的事情之后再说吧。

E.如何选择月子中心？我的建议是：安全、专业、舒适。比如要考虑其通风、采光、床品质量、餐食口味，对小孩的护理是不是专业，有没有隐形消费，地点是不是靠近老公公司等因素。尤其要关注的是，越是专业的月子中心管理越是严格，比如规定探视时间、大宝不能跟着妈妈过夜等。

我也想生二胎的时候去住月子中心，让全世界来伺候我！用钱解决问题，就是我们赚钱的意义啊！

越是害怕，越是要跨越

——"生孩子会毁了我的人生"？

很多风华正茂的少女总是会觉得，"我才不要结婚，婚后就（从无价宝珠）变成鱼眼睛"。

就算结了婚，也总是寻思着"我才不生。我不生，生完孩子我就真的完蛋了"。

对，我当时也这样想。

01 害怕未知，别太"铁齿"

人有时候会害怕未知——还是留在熟悉的环境比较舒服，更别提结婚生子这样的大事。生活秩序一改变就意味着一地鸡毛，你就算是出门忘记带洗面奶都觉得生活"Out of control"（失去控制），那么认为"结婚生子毁一生"也很正常。

我和身边几个好友几乎同期做妈妈，最近我们聊天，想起过去：做记者的日子多精彩，整天到处去各种玩，哪个人胆敢问"你什么时候生"，就觉得对方是来断绝自己的职业生涯的——我们还有很重要的事情要做好不好？生孩子会毁掉我的人生！

谁让如今的大城市生活太有趣了呢？一个人或者一群人，都有很多吃喝玩乐的消遣，简直都忙不过来。这个时代比起过去进步的地方就在于，包容了多元的生活方式，动物性的传宗接代不是头等大事了。

很奇怪的是，这群婆娘嘴里纷纷说着"不生不生"，到了某一个时间节点，竟然又纷纷倒戈，前后脚怀起孕来……这真是一个谜，唯一的解释是荷尔蒙的呼唤吧。所以说人真的不能太"铁齿"。

我和几个原本高喊"不要生"的好姐妹如今都做了三头六臂的妈妈，至今似乎也没有发现生孩子这件事让事业一蹶不振——有人做了创业公司的副总，有人和我一样做微信公众号，有人进入大企业做稳定的中层，还有一个给孩子买学区房，"无心插柳柳成荫"，过年就赚了一百万……

大家都想不起来那时候到底有什么"不可以被影响的、非常重要的事情"要坚持，反而是因为被事业、孩子、家庭三重夹攻，更加（也是不得不）懂得合理安排时间和高效完成工作的重要性，于是纷纷有了新的发展。

02 成人世界没有容易

有粉丝曾给我留言，说她羡慕我好像总是很清醒地知道自己的人生要做什么，而她经常很迷茫。其实我也是一只"呆头鹅"，只是被生活的大浪拍打到今天的位置；我也不知自己将何去何从。

当年知道怀孕的时候，我何尝不是在家大哭了几场，对未知的恐惧盖过了欣喜。

刚生完孩子那一年，的确是很难很难的——我想抱抱现在觉得很辛苦的新妈妈们——茫然、失落、焦虑总是时不时闪过。我当时虽然瘦得很快，但还蛮水肿的，因为要迁就哺乳，衣着也比较不修边幅，最可怕的是那种疲态。

还记得我产后第一个复出的活动是去福建拍一条美食视频，连上镜我都穿着很休（sui）闲（bian）的衣服，说话又慢，当时另外一个嘉宾老师悄悄对我说："大咖，你真不能这样下去了，再这样下去你就变成一个师奶了。"我如五雷轰顶啊，这才立志调整自己的状态，跟上大伙工作的节奏，重新起航。

不是每个人都知道在什么阶段应该做什么事情，我们更不知道做了这件事情会有怎样的人生历程，但这不正是人生有趣的地方所在吗？

我们去陌生的地方上大学，去新的单位工作，交新的朋友，搬去不熟悉的街区，吃没试过的餐厅，都是大大小小的探险，包括结婚、生孩子也是。

你想做的事情可以说出一堆理由，做不成的理由同样有一堆，难做的事和想做的事情永远是同一件事。

想干什么就干什么，那是你幻想中的自由，"干什么事就成什么事，否则就是xx的错"更是一种假想。所以，不要再让"结婚"和"生子"这两位好宝宝的膝盖中箭了。

真正毁了你人生的，不是人生角色的改变，而是得过且过的懒惰。

03　自己的人生自己负责

我没有要劝大家"快点结婚""快点生孩子"，我只是想传达一个信息——自己的人生自己负责。

负责、坚毅、勇敢地面对每个人生阶段的考验，无论你正在什么样的情绪之中，请记住人生就是一场打怪升级的游戏，你所要做的，就是研究、布局、梳理，然后赚更多的钱买道具，以及为自己做了决定，就不要后悔。

最后回答一个后台常见的问题：生孩子的时候要请月嫂吗？

我的答案是：要，要，要！原因是：

A.月子里小孩和妈妈休息得好，身体棒棒的，以后的日子才轻松。

新妈妈不要因为负气做一些对身体有害的举动（比如做家务事、接触冷水等），落下病根会一辈子受苦。

B.不要轻信生孩子前奶奶、外婆、老公等人承诺的"我来带，我来带"，应求助于专业人士，亲人就负责爱小孩、偶尔搭一把手就好了。当然如果你们有非常会带小孩的亲人那就不用额外请月嫂，因为他们就是月嫂，我表示羡慕。

C.请月嫂一定要请亲友用过并且认可的，而且最好多了解一两个人作为备选，以防入院前一天被人放鸽子。

D.生孩子后的一段时间，你会发现有一些真的令你非常不痛快的事情，一定要告诉自己"这是假的，这是假的，我看到的不是真的"。没啥，因为你的荷尔蒙在短时间内大起大落，身体一时间承受不了，就会有很负面的情绪，俗称"产后抑郁症"。过一段时间什么都会好了，相信我。

不管是穷养还是富养，做不到这两点就算白养

——最关键是送给孩子两个礼物。

时近"六一"，看到很多文章在讨论，孩子是不是需要富养。我很喜欢这个论题，显然它证明了我们现在的社会，起码在物质层面，开始进入富足的阶段了。

01 娃娃要穷养还是富养

我总结一下，富养方的观点：有充足物质保证成长环境下长大的孩子，在以后面对诱惑时不会被"一颗糖"就牵走，在面对困难和挑战时更沉得住气，不会因为经济上的困难而畏手畏脚、错失机遇。

穷养的人则觉得，要培养孩子的饥饿感，让他们知道一切来之不易，尽早对社会的残酷有充分的认识，长大才能适应外面的丛林。

实际上我觉得，完全将育儿等同于物质条件是很荒谬的。满足孩子物质层面的需求就是富养了吗？可能他们不会被"一颗糖"牵走，那"一堆糖"或一个"糖果工厂"呢？有钱人家的小孩就一定不贪吗？趋利者终被"利驱"呀！

至于穷养，难道压抑孩子对喜好和物质的追求就是穷养？让孩子在饥渴的环境中成长，就会变成下一个马云或者马化腾吗？

我不管别人怎么说，我绝对会在力所能及的前提下，在合理的范围内满足孩子的物质需求，买质量好又好看的衣服，买正版的乐高和托马斯，买他喜欢的字卡和拼图，带他欣赏优质的演出……这些都很合理呀！

02 最该给孩子的两个礼物

比富养更重要的是培养孩子正确的三观。我也知道，自己的三观肯定不代表绝对正确，真正的大智慧自有高人，所以我准备送给孩子两个不会错的礼物。

A.阅读习惯。

可以说，今天我能摇笔杆为生，都拜自小的阅读习惯所赐。我从小就非常喜欢看闲书，从小学就开始翻家里的大部头看《红楼梦》等名著，自己定期拿着零花钱去小书店买《哆啦A梦》《童话大王》《故事会》《故事大王》《读者》，家里大人的《知音》《家庭医生》《人之初》也拿来看。

文字是一种本能，但不是每个人都能玩起来。

Read for what？（为什么阅读？）

阅读的习惯不仅仅是大量的读书而已，更重要的是带来分辨信息的本能，这是对摄取到的信息"质疑—论证—理解—消化"的一套方法。让他们知道，变成铅字的字有可能是真理，也有可能是谬论，这才是在这个信息爆炸时代的生存根本。

Read for good！（为美好阅读！）

阅读让人成为一个合格的优质社会人，有好奇心和有良好学习习惯的人，即便是在浅阅读平台看到一个有兴趣的资讯，也会以这个资讯为线索，查阅大量的相关资料，弄清楚整件事的来龙去脉，然后说"哦，我懂了"。

Look around.（看看四周。）

从最近发生的热点新闻评论来看，很多人活到一把岁数依旧没有掌握真正阅读的习惯，见山得山，看水是水。在微信朋友圈里整天咋咋呼呼地转发谣言的人，一定很少看书。至于如何看待浅阅读和深阅读的优劣，我并不认为浅阅读和深阅读之间有优劣之分，不是说喜欢看手机就不如喜欢看纸质书那么高雅，或者说通俗易懂的文章就没有价值，阅读这个行为仅仅是获取信息和知识的渠道，渠道本身是没有优劣之分的。

Guide.（引导。）

现在在给有米讲睡前故事时，我在做一个尝试，夹杂着不少的问题来问他，也鼓励他向我提问："为什么小红帽要去看奶奶？""小花猫要钓到鱼，需要怎么做？""如果有米是兔子，要怎么样才会跑赢乌龟？"

所以，有米越来越喜欢听故事，也越来越喜欢问"为什么"，他和大人聊天听到陌生的词汇，也会第一时间发问。这就是成长啊！

B. 音乐。

小孩子天生对音乐有反应，听到歌就拍拍手、扭扭屁股，手舞足蹈，可爱得不得了。但这样对音乐的理解始终只是停留在"玩一玩，好开心"的主观感官上，学过乐器的人就知道（我是国家认证的二胡七级），理解音乐更偏重客观的逻辑的分析。

Logic.（逻辑。）

一首歌，在不同的段落中，节奏是怎么延续的？旋律是如何重复、变化的？为什么这些变化能引导听众的情绪？这些是理解音乐的乐趣。交响乐更是一部结构完整的抽象建筑，理解起来很有成就感。

Present for Youmi.（现在的有米。）

现在有米会"咚咚咚"地敲手鼓和瞎玩乌克丽丽，他开始有节奏感了。等他稍微大一点，我会送他去学钢琴。是否考级暂时不在培养计划当中，我是希望他能通过钢琴学到乐理知识，训练音准和节拍，找到音乐的逻辑，在此一生中足够自娱自乐就好。当然，学习乐器必然有枯燥的部分，音乐和语言一样，都是需要反复练习的。但学会了，就能在这个纯粹的、理性的、规律的世界里，找到属于情绪的快乐，那可是一生的礼物啊！

我负责貌美如花，你负责带娃

——"周扒皮妈妈"和"长工奶爸"的秘密较量。

看完我写过的《带娃去海边＝捡到钱》这篇文章，有米爸"炸毛"了。

他的原话是："什么叫'到海边就可以leave me alone（让我独自待着）'——你倒是alone了、SPA了，我可是要吭哧吭哧弯着腰带着娃满海滩跑并且吃沙、吃海水好吗？！"

他还说："老子辛辛苦苦带娃，回到酒店看到容光焕发的你。你还不给喝可乐，也不给吃薯片，是几个意思？"（画外音：意思就是你太胖了呗。）

所以他的结论是——陈大咖就是"周扒皮"！

01 有米爸有话说

有米爸要展示一下在让"周扒皮妈妈"放飞自我的几个小时，"长工奶爸"的具体工作包括什么。

A.安全范围。

首先，去海边第一要务，是孩子不能离开你的控制范围。

无论是在沙滩上还是海水里，各位爸爸千万别顾着看比基尼美女发呆，稍不留神娃就会跑到海水里去，或者往礁石滩飞奔。即便是会游泳的大孩子也不能放任，控制范围必须是臂展范围之内。

B.带娃玩海。

爸爸们带宝宝去海边，主要是玩水、挖沙和运动。

如果海滩合适，有米爸最喜欢带有米踢球、打排球，通过控制球的方向，就可以遛娃了。在挖沙的时候，玩叔属于被玩的那个，有米一下指令，玩叔就得躺到沙滩上或者蹲到坑里，被埋起来。至于独木舟、摩托艇、冲浪帆板这些运动项目，小宝宝目前还是不大合适的。

C.防晒。

奶爸虽糙，也要细心育儿。直男经常忘记或者不想涂防晒霜，但娃们的细皮嫩肉怎么会和老男人们的"皮革"一样呢？再加上海水的反射，太阳辐射更是强大，所以爸爸带娃的时候一定要记住给宝宝防晒哦。防水的防晒霜起效时，身上淋水会起小水珠。天气炎热，随时补充水分也很重要。

D.十万个为什么。

你以为这就完了么？不！嘴巴还要一直不停地和宝宝说话。

"爸爸，这是什么海？""爸爸，海是什么？""爸爸，为什么会有沙沙？""爸爸，浪是怎么来的？""爸爸，我们去哪里？"……

一套海边亲子游下来，筋疲力尽，当然也欢乐无穷。

02 "长工奶爸"的诉求

"周扒皮妈妈"们，如果你们想把孩子扔给我们，请记住老公党对海滩的诉求：

A.沙滩。

住在风平浪静的海湾比较方便和安全，沙滩品质要好，凳子阳伞要多，人不能多。

B.酒店。

酒店一定要在沙滩边上，方便随时进退，拿一下水，换一下毛巾，就算娃想要便便也可以跑回房间。

C.设施。

要有现成的丰富多彩的亲子设施、儿童乐园什么的，就算天气不好的时候也可以有地方玩。

D. 吃喝。

吃饭的地儿要好吃，要方便，要让我们喝可乐！

育儿就是一个家庭亲密无间打配合的过程，这段时间你比较辛苦，就让我多帮一下做家里的事情。等到我忙的时候，你主动承担，让我去拼去闯。所以没有什么定律说娃非要谁带呢！

Chapter 6 抬头生活，
让日常成就一切美好

每个人都需要属于自己的第二人生，

每个日常，都需要一段 me time。

如何才能不只活出一种可能性？

只要今天比昨天美好，那就是高贵！

如何自拍，才可以在朋友圈里假装网红

——今天告诉你网红的秘辛。

朋友圈友人们时常问我，为啥你去到哪儿都有美美的照片流出？

是的，你看见网红们随意发出一张张生活美照，扭过头就批评老公："你看你，每次给我拍的都是什么东西？"

你们要不要看一下我老公给我拍的照片？十辈子都做不了网红。

手机摄影这档事，还真不是用随随便便就能做好的。深具网红感的照片，不需要写实，不需要正确，不需要宏大叙事。我们要的就是"照骗"！不是照片！

你不能把我拍得丑成狗，然后说："呐，你就是长这样啊，我有什么办法？"

拍照发朋友圈，讲究的是——sense（意识），最关键是走心。

01 大头照基本修养：避开杂物，45度角是王道

我看到微信的头像，有一些人平举着手机自拍，背后是家里乱糟糟的饭桌、廉价的购物袋什么的，图片色调发黄发黑看起来特别寒碜……亲，你们这样真的很像的士司机（司机中箭）也！

拍照首先要严选背景，乱的、low的不要，可能你拍的时候觉得没什么要紧，但看的人都是火眼金睛啊。

大头照角度就是万年不变的45度角，来看大头照最网红范儿的范冰冰，每一张照片都堪称教科书，她通常以斜上30度~45度的范围拿手机，镜头仰面举高，大眼尖下巴，再来个小嘟嘴显得更俏皮。

平拍是路人，从下往上拍就是高晓松。记住：脸大肉多就千万不要把手机低于下巴，拍出双下巴还显得五大三粗。

我的御用摄影师JM就说："无论男女，拍照的时候一定要指导对方单膝跪着仰拍。不需要用修图软件拉腿也可以高、瘦、美！"

02 光线是你的粉底：神秘感，少女感，小脸感

先不说太专业的术语，最要紧的是光正面光照在人像上。单一灯源的射灯很容易让你拍出来青面獠牙，死白死白的灯光则让你看起来像大病初愈。

这种灯光在餐厅或者写字楼常看到。怎么办呢？后仰加抬手（考验你核心力量的时候到了）。

实在无法改善的话，就用APP加各种贴纸转移注意力吧！

03 假装自然的动作貌似不经意，其实凹了半个小时

就算是掌握了技巧，很多人还是天生没有网红的命，一到拍照就浑身僵硬，手脚都不知道放哪里。

听我一句劝：别人看着你又怎么样！拍照就是要把身边所有的人当空气，你的眼里只有镜头、镜头、镜头。如果你因为顾及旁边的人而露出小家子气的表情，被镜头定格的倒霉瞬间才是永恒哦！

如果你亲眼见过网红在咖啡厅、宜家、景区拍照，你就知道那些看起来貌似随意的一张张图，是多么矫揉造作并无数次假装走路、假装甩包、假装喝东西才搞起来的！

我的御用摄影师JM的手机摄影心得：
拍全身照呢，切记不能盯着镜头站得直直的，也不要摆剪刀手像到此一游似的。不经意的眺望、低头浅笑、侧头看、低头看，玩弄头发、傻笑，或者多动手指、回眸一笑、托着腮发呆、假装走路、假装回头、喝一下手里的饮料，那都是可以的，一句话就是自嗨！

04 合影赢的秘籍：CHOK！ CHOK！ CHOK！

在家没事就调教自己一两个自拍表情，这样镜头一凑过来你就能马上调到拍照频道了。

不要太过拘泥，见招拆招，偶尔一两张夸张的表情或许可以拍出意想不到的美感。手势也可以各种花招，例如什么剪刀手、来自韩国的"heart"手、"rock hands"手等。

表情呢？除了"老娘就是美！宇宙第一美"的心里戏，偶尔夸张的表情还可以化腐朽为神奇。

05 编排九宫格的艺术，节奏感很重要

听我一句劝，朋友圈不要连续九张图都发自己的照片，除非你有霍建华或者昆凌那样的一张脸，不然真的没人想看。我不得不坦白，在朋友圈设置了好几个"不看对方更新"，就是因为有人拍照真的太丑了，还整天发自拍。

除了自己的照片之外，插入数张特写的、有美感的现场细节，可以让你整个朋友圈妥妥地洋气起来。比如在咖啡馆的时候，文艺的搪瓷杯、杯子上的桃红色唇印、太阳眼镜等，都是你可以用来炫耀的符号。

06 P图的艺术只是熟能生巧而已

相信广大妹子就算是电脑白痴，也一定是自学成才的P图高手——美
图秀秀、美颜相机、VSCO、Faceu等的软件，信手拈来还免费。
网红们关于如何P图也有自己的一套，下次写一篇更详细的再给大家
"安利"。

以上，均是套路，还是希望大家真诚一些就好。

和发型师过招，你必须要知道这些要点

01 和发型师过招的要诀

我回忆起当年一次理发，好像是描绘了哪个流行明星的发型，然后发型师满口答应，等我走出门就已经是马桶盖了。

这件事情提醒我们，和发型师过招有三个要诀。

A.别要求剪某明星同款发型。

因为你并没有长着明星同款的脸啊，不要再拿着图说"我要这个"，太为难发型师了，好吗？每个人的外形和骨骼不同，就算你真的好喜欢某个发型，即便剪出一模一样的，你最终也"接受唔到咯（王祖蓝口头禅，接受不了啊）"。发型师又不是韩国医生！

就像是周迅最近超好看的新短发，我看到有不少人剪了，但讲真的并没有任何一个好看——脸还算端正的变成了海清，微胖有烟火气的直接被送进广场舞大妈的行列。因为这个发型对人的要求太高了，额头和五官要好看，整个人一定要瘦，气质还要灵精，可不容易啊。

B.不要总想标新立异。

年龄越大越觉得简单的发型就可以，千万不要突发奇想、标新立异，会"死"得很惨。

普通人有一个容易打理又适合自己的发型就够了，不要轻易尝试非同寻常的颜色，也最好不要相信有"完全不需要日常打理"的电发。

发型新潮，还得搭配社交圈子，如果你身边的同事和朋友都不懂"奶奶灰"和"姣婆紫"，你会活得很累。

C.不要用想象力去追随风格。

读者留言：遥记2009年，纠缠不清的恋爱以新娘不是我告终，我周六奋勇地跑去建设六马路芭X剪发，还找了据说不错的总监，他说帮我电个韩国减龄BOB齐腮小卷发。然后，从傍晚坐到晚上11点半，我顶着鸟巢回窝了。我的心理建设是刚烫完肯定不自然！第一次洗头后等它慢慢出形状就好。接着，周一，同事们惊奇地发现——我顶着小丸子娘亲的发型出现了！

我以昔日潮流杂志编辑的经验告诉你们——永远不要相信书上的发型是你从床上爬起来或者一吹干头发就可以轻松获得的美丽，那些都是模特和造型师、摄影师努力了半宿才拍摄下来的作品，它看起来非常轻松自然，是因为有大师在啊！

02 什么是好的发型师

你是不是越听心越凉，所以到底要怎么办？简单呀。

找一个可靠的发型沙龙，找一个可靠的发型师，一次成功之后，以后就认准他。

A.不要迷恋小鲜肉。

如果要说如何选择发型师，不要迷恋"小鲜肉"，也不要迷信"总监"，让洗发助理帮你安排一个三四十岁左右的发型师不会错，他们从业时间长，经验丰富，审美到位。

B.观察。

好的发型师，动手前会检查你的头发，确认你的头发是怎样一个分层和分区的状态，会非常娴熟地先把头发分区，再逐步处理。

C.负责。

好的发型师剪完头发之后，不需要用很多的发蜡或者啫喱水，而且他会教你日常打理的手法，对你负责到底，如果你回家之后不满意，还有机会重新再做一次。

D.审美契合。

发型师本身的衣着和气质要让你感觉舒服，因为人的审美是一套一套的，如果他穿的透视衣和尖头皮鞋你刚好讨厌，那他出手的发型你可能也不喜欢。

E.尊重。

在和发型师沟通时自己也要做一个受欢迎的客人，请尊重他们，有礼貌，有素质，坦诚交流自己的想法，不要抽烟、打电话、头扭来扭去，坐正头放平就对了。

这么多装修心得，都是碰到头破血流才明白

——祝大家都有一个美好的小窝

拿到属于自己的新房子，你一定要保持期待以及雀跃的心情，因为只有这种兴奋感才能帮你平衡装修带来的痛苦。

宏观上的装修心得，我就不说了，关于空间设计、进场顺序等都是比较专业的事情。我主要想说的是一些装修时容易被忽略的关于生活的细节，因为正是这些细节才成就了我们的生活质量。

01 考验人格的时候到了

装修是人生的大事，不仅关系到"荷包"，还关系到审美修养、生活习惯、空间想象等一个人的综合素质，说白了，就是可以映照出你人格的横切面。

造访不同人的家，你会发现，不同的人，房子都是不同的风格。

有的人，虽然装修预算足够，用了很多好料，但一进门就觉得冷冰冰。

有的人，房子规划得当，布置有格调，大气雅致。

有的人，家里毫无章法，堆砌一堆廉价的收纳物品，看起来像大学生宿舍。

自律的人，会综合利用3D空间进行收纳和装饰。

而散漫的人会把鸡零狗碎的物品放满每一个平面。

轮到你了，怎么办呢？

我建议在装修前，疯狂地看各种各样喜欢的国内外家居图片，尤其是户型和自己家类似的，从感性上先积累认知。

同时特别提醒，你找装修队的时候，不要轻易找朋友介绍的朋友，除非你非常了解对方。

一个朋友家装修新房，她说"恨不得把刀架在设计师头上让他道歉"。因为对方不仅收费贵，态度还嚣张，甚至指着她鼻子大骂，而且是在收第二期款的时候才露出真面目。如今她却碍于对方是同事介绍的，不好翻脸。我大叹："和我一模一样啊！我们这种脸皮薄的人，装修完了都不好意思说对方……"

装修就是要认准专业和口碑这两个标准，不要只因为是朋友的朋友就决定用他。

装修不要跟风，有一些产品设计是不适合家用的。比如流行的"台上盆"，对大多数家庭来讲就很不实用。水容易溅出来，盆体也难以清洁彻底。如果是磨砂玻璃的材质，你用久了还会看到霉斑水渍在盆的底部，擦又没法擦，极不美观。

所以，买任何东西之前，想一下自己的使用习惯，将各种情况都假设一下，如果不会带来大的障碍才可以入手。不要以为我买了应该就会用了。如果一个物品和你的生活习惯相左，最后它都难以避免落个被彻底闲置的下场。

我还有个朋友，给狗做了一个两平方米的厕所，结果狗不进去，浪费了七八万元。另外一个朋友花一万多块买了一个地毯铺在客厅，结果发现自己皮肤过敏，目前只能将之闲置。还有人装修了用皮革做的电视墙，结果在广州那恐怖的"回南天"里全部长绿毛了。更多人买了按摩浴缸，结果十年都不开一次。

02 在能力之内，选最好的才划算

装修时，我们很容易对貌似美好的事物产生幻想，但其实你并没有那么需要它。

我的建议是：化繁为简！

你必须知道自己要什么，这是最重要的，不要被装修队和不住在这间房里的人牵着走。很多装修项目，只是给别人看的。你喜欢生活中享受什么，就往哪里投入更多的钱。

在我看来，关乎睡眠的寝具、洗澡的用具和衣柜是最不能省的。这些不能轻易拆走的东西，一定要选自己能力范围之内能负担的最好的。

房子住了几年，我满意的是床垫、马桶、花洒（浴室喷头）、热水器。

花洒目前用过感觉最舒服的牌子是汉斯格雅，多次成功将之推荐给朋友。洗澡洗得舒服，对生活质量的提高不是一点半点。至于热水器，只有冬天修过热水器的人才知道什么叫欲哭无泪，我认为最好的应该是林内和AO史密斯。床垫我则是使用了与喜来登同款的金可儿，枕头则是杜维雅的羽绒枕。

03　装修队不会对你的生活负责，你自己才会

房子小的话，就不要选那些欧式、韩风、田园风格了，99%的概率是做出来和你想象中完全不同。

比如说，希腊的小屋可以大面积用蓝色，是因为那栋房子就在海边，本身阳光就好，再加上海面会反射大量的太阳光，把家里也照的通通透透，大面积使用蓝色会可爱，会浪漫。但如果一个在16楼北向的

电梯房，小区楼间距还异常窄，太阳一天就只有两小时能晒进来，搞大块的蓝色会显得非常压抑和沉重。

同样，家里灯光的布置很重要。我们经常看到一些家居图片好迷人，但就算是让装修公司依样画葫芦，做出来后看起来感觉也不同，因为采光、灯光是很重要的氛围。从来不是只使用吸顶白炽灯就能变洋气，多灯位才是秘诀，黄光灯、射灯、灯槽、台灯等都能让家温馨起来。

储物柜、衣柜等一切柜，宁多勿少，宁大勿小。生活久了，杂物会比你想象的多几倍。尽量安装柜门。年轻的时候，我觉得玻璃柜门老气，没有柜门才洋气，住久了才知道大城市的灰有多可怕，就算定时打扫，也有深入缝隙的灰尘挥之不去。

床头的双控开光、洗碗盆的滤水篮、可以用手背开关的水龙头（不是拧的那种）、装了缓冲阻尼的柜门、镜灯、浴霸、地暖、带干衣功能的洗衣机……种种细节，虽然不是很经常使用，但每次用都让你幸福感满满。

如果你不喜欢家里到处拉着插线板，那么插座一定要尽量多做，虽然要花点钱，但用钱换取一个有秩序的家居环境还是值得的。

设计之前要在空房子里转来转去，想象自己用电的习惯，在经常会使用的地方都安装插座。尤其要注意空调的专用插座，有习惯使用油汀的，也要把大安数的插座留好。电视墙、厨房、洗手间有条件都预留万国插，以防有时候从国外购买的小家电、电吹风等插头因制式不同造成不便（当然外接转换接头也可以）。尤其提醒一下，如果想以后安装卫洗丽，就要在马桶附近先把电位和水位留好。

如果天天做饭，而且每天都炒菜、煎东西的家庭，不要轻易尝试开放式厨房。再好的抽油烟机也无法完全抽走油烟，最大的问题是切个蒜头、葱、青椒，味道都能飘得满屋子都是，简直让人不能忍受。

看不见的地方才是最关键的，得好好检查有没有漏水点。所有大功率电器都要专线专用，有个朋友的热水器就因为电工师傅用了普通电线，差点酿成火灾。

真的，装修队不会对你的生活负责，你自己才会。

04 说到底，目的还是为了更好地过日子

购买建材、家具、家电的时候，能省就省吧。因为一到装修，你就会觉得自己特别穷；又穷又要用好东西，日子不好过啊。

直接去门店购买零售商品当然会比较贵，但如果碰巧遇上年度优惠或者清仓，价格还是有一点优势。如果你能搭上线，买到工程价那是最划算的，这就考验各自的人脉了。

可以经常去当地的生活类在线论坛刷一刷消息，有时候也会碰上一些团购活动。举个例子，之前我买衣柜就是参加了一个网友的活动，她自己去和索菲亚门店的经理谈，如果凑到一百万的订货单，就给个还不错的折扣。结果不到半天，她朋友圈的主妇们就凑了一百多万元的生意出来。可见我们洋气主妇的购买力还是巨大的！

最后想说，装修尽量和家人好好商量配合吧，如果是一个人负责，就更要咬紧牙根坚持到底。

很多女生总说"好向往装修哦"，她们心仪的其实只是"软装"的过程，买一块窗帘、一个抱枕都是容易实现的事，而沙石、电线、水管、水泥、油漆、防水、面板、铺砖等，不那么容易搞定的事情才是基础。

凡事要接受不完美，装修对每个人来说都可以算是一场修行，考验我们的条理、处事能力，甚至婚姻关系。

没有什么，比拥有一个美好的家更重要！
一个人也好，两个人也好，三个人也好，多少人都好，住得好，不会乱。

祝大家都有一个美好的小窝。

在大特价面前，你这样买就亏大了

——时间才是最贵的资源。

家庭中女性角色最显著的职责有两个：让自己变美变好，让家里人一起变美变好。买到心仪的东西又恰好打折，那是天底下最美的事情。但在商家一年到头，天天大特价的套路面前，我们如何避免自己成为贪便宜瞎买的路人甲呢？

我承认，我也是一个贪便宜的路人甲，但我在买买买的疯狂中还是会生出一丝理智。如果你不明白以下几个道理，那才是真正买亏了。

01 因为需要而购买，而不是因为便宜

"一分钱，一分货"是真理，你看到在售的牌子货时，这句话请默念三遍。

即使是看起来完全一样的商品，你原价买回来和你打折买回来相比，它们也不同了。你对商品的期待不一样，你对自己的期待也就不一样。

买来打折的商品就像买来打折的人生。其实，购物的终极快感不是省了多少，而是通过自己不懈努力终于换来一份难得的美好之物。

贵的东西只有一个缺点，就是"贵"。便宜的东西只有一个优点，就是"便宜"。（大概率是这样的，当然也有例外的时候。）

越穿戴越有味道的经典款衣服、饰品都是年年涨价的。比如香奈儿2.55、御木本的珍珠项链、爱马仕的丝巾……你什么时候能见到它们跳楼价大清仓。

那么，你怎么挑？

化妆品和护肤品的保质期通常不会长过十二个月，而且越新鲜效果越好。至于洗洁精、厕纸和婴儿纸尿裤等家居日用品，一年三百多天里有两百多天电商都在换各种名目上演优惠抄底价的套路。

你又何必把宝贵时间放在比价的事情上呢？

时间是最贵的资源，每分钟、每小时劳动及思考的价值远大于你的想象。在你为了省下十块、二十块捧着手机偷着乐的时候，你的时间和关注力正在被吸引走。

所以，请记住第一条"打折信条"：因为需要而购买，而不是因为便宜。

02 很必要的事情，请立刻做

"说不定很快降价，等等再买。"

Really？（真的吗？）现在急需就立刻买吧，不要等什么特价了。

我之前把刚买的电话摔了，屏幕上有一条裂痕，当时换一个原装的屏幕要八百元，我就想：等等降价再去换吧。结果，一年过去了，打从它降价开始我就没空去换，于是这个裂开的屏幕陪着我去了日本、土耳其、希腊、印尼……全世界跑了一圈，屏幕本身还是裂开的，每次自拍都被人提醒："你手机坏了。"

如果我当时一跺脚花八百元把它换了，我现在就已经用了一整年完美的手机了。人生，就是因为有很多的"再等等"让你频频撞墙。

所以，很必要的事情，就请立刻做。

想学烘焙的话，烤箱立刻买，等一个月后别人拿到打折烤箱时，你已经学会了如何烤出香喷喷的饼干。想变美的话，眼线笔和粉底液立刻买，十天后别人还在拆包裹，你已经比她们多美十天了。想开始跑步的话，运动鞋和运动文胸立刻买，否则等你拿到半价的跑鞋，你的热情和冲动也许已减少一半了。

特别想要的东西，都不要等，别人还沉浸在"如果有了那件东西我就可以如何如何"的白日梦里，你已经抓住了一个真正发生的美好时机。

想要出行，别去抢一张半年以后才能用的、时间特别不合适的特价机票了，我见过太多人为了迁就那次九十九元特价票的飞行，不敢做大的工作调动，不敢分手，甚至不敢怀孕。
为了特价而让时间反过来紧紧地钳制你的人生，那你究竟赚到了什么？

我们需要的是"看到电视里京都红叶落满地就开始买机票前往"的快意人生。

所以，请记住第二条"打折信条"——说开始立刻就开始的人生，是超值人生。

03 短期欲望清单，不要超过三个选项

不多的欲望，是兴奋剂。过多的欲望，是黑洞，是包袱，是你的绊脚石。

每个季度给自己列一张欲望清单，上面只能有三个选项。
设计师款的家居用品，鞋子，包包，生活美学家款的课程，插花班，普拉提等，都可以写上清单，但请抛弃一些，只留三项，然后在这三项里买最好的。

一年后，你会发现你的生活品质比现在进步的不止一点。

我当年和先生刚结婚，两个小年轻，囊中羞涩，全屋家具都在IKEA（宜家）搞定的。当时我们买了两个特别喜欢的实木书架（现在已经停产且退市），它的价格是最实惠的比利书柜系列的三倍以上，付款时的确觉得"肉痛"（相比我们当时的经济状况而言），但使用它一直都很顺心。

廉价刨花板家具，买的时候的确便宜，卖相也不错，但使用一两年后，抽屉垮掉了、隔板弯了、贴面剥落了等问题都悉数出现，一直带给我们"想扔掉又好像可以凑合用下去"的错觉。

我们这次搬家，实木的家具保养一下就可以继续用，而所有刨花板的家具则被无情抛弃。这样算下来，贵的书柜虽然略贵，但性价比高太多了！

因为这个经历，我们后来置办新的家具，几乎都是咬牙切齿也要买下"贵价货"。因为买东西的原则就是要么买最贵的，要么买最便宜的，买中间的都是浪费钱。

所以，请记住第三条"打折信条"——精简的生活才无往不利。

好吧，三条锦囊赠送完毕，祝你在消费狂潮的时代里修行得道，活得愉快。

如果不懂养生的重要性，
我只想说你一定还年轻

——糖水与喝水这样的小事，也可以让生活很有趣。

我有个好闺密，叫作娃娃，江湖人称"娃总"的就是她，典型的"白富美"。这个"娃总"有好几个顾客排队来消费的餐厅，"x 鼎记""大 x 凤"什么的，想想都知道这样的女子肯定有过人的智商和情商。

因为有钱又美，其人非常娇气，能被人抬着的时候绝对不自己走，能坐着就不站着。除了事业，"娃总"生活上基本可以称为一个重度依赖症患者。如果你想让她"洗手作羹汤"或者是在家拾拾掇掇，那绝对是不可能的事情。她只会使唤别人去做。

有一天，我居然在微信朋友圈看到她本人发出来的照片——顶着刚做好的光疗指甲，拿着把蒂芙尼的纯银小勺子，在吃一碗号称是她自己做的枸杞燕窝。

"怎么了？"我问。

她说："最近累。"

我多触动啊，重度依赖症患者都在养生了，我还不赶紧吗？

01 懒人就没资格谈养生吗

有一句话，人过了二十五岁之后身体状况就每况愈下。岁数过了3字头更是深刻感受到，什么叫作透支，什么叫有心无力……如果你还不知道养生的重要性，我只想说你一定还年轻。

但我真的是忙啊，有时候忙起来真的是连喝水的时间都没有。还好我身边能人多，所以能请来好友珊珊，手把手教我们做几款养生汤水。

这些年总是很爱吃珊做的蛋糕，她的工作室是传说中广州最难预订的私房蛋糕店。但很多人不知道，珊姐除了烘焙了得，做菜也是一把好手。因为做菜除了要耐心和细心，更要充满爱呀。

今天介绍三款珊姐非常顺手就在厨房做出来的滋养糖水，我决定学下来回去推荐给我家阿姨，让她以后早上都给我准备好。宝宝也要养生啦！

A.红枣枸杞鸡蛋糖水。

红枣3颗、纯净水400g、鸡蛋1个、枸杞30g。

红枣切开取出中间的核。纯净水煮开以后放入鸡蛋、红枣、枸杞、红糖。中火煮15分钟左右。

做法超级简单，如果你家有养生壶或者电炖碗就更加方便了。这个糖水的好处是养颜补血，对于女性这种每个月流血七天都不死的生物是非常重要的。

还有一个"五红水"的方子也对女性各种好，"枸杞＋红枣＋红皮花生＋红糖＋红豆"，把煮出来的汤当水喝，养血气，对备孕的姑娘是极好的。其中，枸杞可以明目，加点菊花清心下火，对于长时间面对电脑和手机的"上班狗"来说还蛮好的。

B.红枣百合枸杞花胶糖水。

红枣2颗、鲜百合半个、花胶适量、红糖80g、枸杞50g。

花胶提前一晚用纯净水泡发好。用来泡发花胶的水不要浪费，可以直接用来煮糖水，浓浓的骨胶原。加入新鲜百合、红枣、枸杞、红糖。中小火熬半个小时左右。

这个做法看起来貌似复杂，其实和上面的糖水一样简单，只要你提前把花胶发好就可以了。花胶，有的地方叫鱼肚或者鱼胶，是大鱼的鱼鳔晒干而成。我多次建议身边的准妈妈和工作繁忙的宝宝们一定要多吃花胶，花胶糖水、花胶鸡汤都非常好，除了给脸蛋补充多多的胶原蛋白之外，还可以补气滋阴。

可能北方的朋友无法理解，广东人尤其是潮汕人对花胶的喜爱和崇拜。以前潮汕人家会收藏着一块珍贵的金钱鱼肚，据说女人一旦产后血崩吃一小块就好了，所以又叫"救命肚"。（据说一两就要一万多元，赶紧收藏，不谢。）

对准妈妈来说，花胶更是宝，备孕、怀孕、月子、哺乳期都可以吃起来。不知道是心理作用还是怎样，怀有米的时候喝了很多花胶鸡汤，觉得自己的中气很足！

C.枸杞炖燕窝。

燕窝1盏、枸杞50g、冰糖100g。

燕窝提前一晚泡发好。炖盅里放入冰糖、枸杞、燕窝、纯净水。隔水炖半个小时。

吃燕窝在动物保护主义者看来，争议是比较大的。有人感觉吃燕窝比穿皮草好不了多少，认为吃这玩意儿破坏了鸟们的窝（实际上金丝燕在养育儿女后，燕窝就弃而不用了，它们生养下一代燕子得重新做窝，我们通常吃的燕窝就是前者），还有人认为燕子的口水没有什么实际作用（其实蛋白质比不过鸡蛋，但重要的是含有燕窝酸，能促进智力、提高免疫力），不过作为一个古老的养颜恩物，还是有很多人对此笃信不疑。

对女人来说，有时候养生和养颜就是一个心理唤起——你觉得值了，觉得自己美了，觉得自己这一刻对自己好了，就够了呀。

如果是动物保护主义者，不妨使用雪蛤或者皂角米代替燕窝，也可以起到滋阴养颜的作用。

02 把喝水这件小事变得有趣

除了养生，喝水也很重要。你可以想象一下缺水的苹果，那样子多可怕。

大家都知道健康的人要每天喝八杯水。准确来说，每个人每天需要的饮水量用数字化表示就是两千毫升。

饮水之道并不在乎满足喉干颈渴之需，口干时才喝一口水就像是先污染后治理一样，根本毫不济事。然而白开水吞也无味、咽也无味，每天还要喝几大杯，相信各位办公室人早已厌烦到掀桌了。

今天就一起来研究一下，如何让喝水这件小事情有趣一点。

A.水花茗，食不食烟火都需要多喝水。

煮茗对清花，弄琴好知音。泡在迷迷蒙蒙的一碗人间烟火里，人偶然还是需要活得有些清澈的情怀和温度的。比如一杯水，一盏花草茶。

一个缺水的苹果和一个水分充足的苹果，所焕发出来的生机活力的对比自然不需要多言。日常饮水或花茶、水果茶，补充水分，延缓衰老，有助于维持身材、清醒头脑。

如果你还出现了暴躁、注意力不集中的办公室病，这也是严重缺水的症状。好烦，那就喝水吧。人一烦躁肾上腺素就飙升，多喝水可以帮助它随体液排出。

心情不好，"压力山大"，那就喝水吧。英国东伦敦大学的研究发现，学生在考试前喝杯水，可提高认知能力，使考试表现更出色。对于上班族而言，在压力过大或需要做决定之前喝杯水，可以帮助头脑变得清晰。

B.懒人茶，好喝不难。

自己制作一些简单又好喝的饮品，会让你认真工作的时候快乐一些。下面就来和大家分享一下我压箱底的几个私家饮品制作秘诀。

健康的下午茶饮品要用健康的好水来冲泡，我会推荐大家试一下天然矿泉水，因为天然矿泉水里有来自大自然的纯天然矿物质，其比例和成分是无法人工调配的，却是对身体有益的。

① 柠檬+蜂蜜。很简单，柠檬片、蜂蜜是天生良配，腌制在小罐子里，需要吃的时候拨拉几片出来，加点柠檬蜜糖水，再冲一瓶冰的天然矿泉水进去，清新又健康。

② 杨梅粉红水。杨梅加少许白糖，熬制成果酱，每次拨拉一两颗到水里，那粉红的颜色，美极了！如果用气泡水就会冲出白色的泡泡呢！

③ 覆盆莓原汁。覆盆莓这东西，我以往只从图片上知道它长什么样，后来发现广州居然有进口的覆盆莓，云南也有产出。一般覆盆

莓都是用来装饰蛋糕，如果直接吃会非常酸，和它们甜美的外形毫无关系！所以我会用一整杯的覆盆莓，用小勺子捣成泥，加入糖，再加入一点点天然矿泉水，一点点就好，就成了覆盆莓原汁了，酸酸甜甜非常好喝，而且据说覆盆莓对女性也是各种好处说不尽。只是这种水果真的是很少见，因为损耗非常大，所以水果摊都不大愿意进这种货，大家可以去高端的进口超市比如OLE、TASTE这些看看，网购也可以试试。

④ 百香果+红茶。用锡兰红茶，或者英国早餐茶，切开百香果把果肉挖出来放进去，怕酸的得加糖，这个自制饮品的好处是非常刮油。如果中午吃了什么油炸的东西，下午喝一杯这个觉得身体非常轻盈。

⑤ 薄荷叶+青柠。其实就是Mojito（莫吉托，鸡尾酒）的原型，如果你不想醉死在写字楼的会议室里，就不要加酒。方法就是小青柠捣烂加薄荷叶，用天然气泡矿泉水来冲，超级无敌提神醒脑。（我会告诉你这是我夏天晚上赶稿的好伙伴吗？）

如果你不想以邋遢的姿态遇到前男友

——做女人很难，这句话绝对是真理，因为女人是高贵的动物。

高贵意味着什么？意味着有繁多的生活规矩。坐的时候不能抖腿，走路不能八字脚，晚宴时不能背靠在凳上，定期处理眉毛和腋毛。

更关键，还要会"妆"。上班要"妆"，逛街要"妆"，约会要"妆"，做运动也要棒棒的"妆"，就连去楼下银行而已，也得"妆"！

根据墨菲定律，你素颜并且穿着最随便的那天，往往就会有非常"重大"的事情发生。比如，你以为走几步去扔趟垃圾没有关系，结果一抬头就遇到了最不想见到的：前男友、前上司或前同事。

有没有？心情超糟好不好！

怎么办？你们知道咖姐最擅长的事情就是研究偷懒秘籍，今天和大家分享一下，如何用最快的时间、最顺手的方式把自己捯饬出来——十分钟都嫌多，三分钟差不多。

01 防晒

你们知道的，每日必修的正确护肤方式是：爽肤水—肌底液—精华—乳液—防晒霜。

如果你实在很懒，至少要擦上的是防晒霜。有防晒习惯和没有防晒习惯的人，看起来的面孔年龄真的差很远。

咖姐用的是这两款：安耐晒、CPB。
安耐晒，一个被日本代购炒得很红的产品，SPF（防晒系数）50+，夏天用很不错，因为轻薄，一点都没有厚重感。但秋冬用过于干涩，会起皮。

CPB的粉霜是一直以来的明星产品，它家的隔离霜也很好用，SPF25+，适合普通通勤时间使用。单独使用的时候有一点点提亮皮肤的作用，闻起来有淡淡的玫瑰味，不愧是贵妇品牌。

02 BB霜

BB霜是号称集合了爽肤水、乳液、防晒于一体的懒人专用，想要有裸妆感又快速出门，用BB霜是明智的选择。不过它比较适合本身底子就好的年轻姑娘，胶原蛋白胀鼓鼓的脸蛋，略施粉黛就美得很。

咖姐25岁前一直用BB霜，那时候选择还不多，就Missha、skin 79

等牌子，白菜价又快准狠，粗暴简单擦完收工，别人说的堵塞毛孔问题，我没有感觉到。

后来也用过娇韵诗的BB霜和CHANEL的CC霜，质感高级多了，虽然没有粉底那种完美的妆感，但日常用来遮瑕和改善肤色挺好。现在多了气垫BB霜，更方便了，用完气垫bb霜再上一层薄薄的散粉，顿时变成水蜜桃女神！

03　修容

如果你恰巧是一个学习能力比较强的人，然后你在改善肤色的同时还想要五官立体，可以尝试相对高级的快捷修容法——使用修容棒，在T字位，还有双颊的三角位和下巴打上高光，用粉扑均匀推开。

无论是戴隐形眼镜、画眼线、画眉，还是修容，其实万变不离其宗，秘诀只有一句话——"无他，唯熟手尔"，一起发挥"卖油郎"精神。

04　唇膏

唇是最好办的，有唇膏就行。如果你不想麻烦，就买颜色相对清透、只带一点点颜色的唇膏，不然只是对着镜子细细画唇线都能把你逼疯。唇膏对女人的精气神提升非常大，所以唇膏永远不嫌多！

最近的网红产品——Dior（迪奥）魅惑润唇膏，透明得有少女范儿，咖姐已入。这款会因唇部的温度和水分等变化发生色泽调整，因而被称作迪奥变色唇膏。（其实我想说十年前曼秀雷敦就有类似产品。）

05 医美

如果你对这一切的一切都觉得很麻烦，那你可以试试了解医美。

对于医美这么热门的话题，我的看法是，任何人为的变美都是有代价的。其实就算是现在常见的牙齿正畸术，我做完之后也出现了多多少少的牙龈萎缩。正如茨威格写给法国断头皇后玛丽那句话："那时她还太年轻，不知道上帝给予她的馈赠早已在暗地里标好价格。"虽然身边的确有朋友打水光针、做超声刀，有一些效果也不错，但任何让我痛、给我扎针的医美，我都不干。

因为除了过程受罪之外，定期维护也是一条漫漫长路。整失败了固然悲剧，就算是整得成功，不定时返工维修也是必须的。
在走上医美这条路之前，自己一定要把代价反复掂量清楚，如果最差的结果都可以欣然接受，那就去吧。

这副皮囊，总是需要不断保养的。不仅是为了在拐角处遇到前男友有扬眉吐气的感觉，更是为了总是抬着头和世界交手。

生活就是"穷人买包，富人买床"

——祝各位夜夜好眠！

作为一枚以酒店体验为工作重点之一的写手，我住过全世界超过三百家五星级酒店。最多的时候，一年有一半的日子都在陌生的床上醒来。

这份工作听起来很吸引人，但有时候真的是"打碎牙齿和血吞"，有的酒店设施有"硬伤"，睡完起来浑身不舒服。

01 居住和睡眠，绝对是一种学问

我大学毕业进入媒体圈的时候，根本不懂什么叫作好的床，住的地方能洗澡、够安静、有冷气、能睡觉就可以了。慢慢地，因工作需要去外地参加一些品牌的发布会，品牌方一般都会接待我们到很不错的地方住。这些还不错的差旅经历是对我关于生活品质认知的启蒙。

有一次入住澳门某五星级酒店，睡得实在舒服，隔天退房的时候，忍不住问前台小哥："请问你们家的床是什么牌子？"小哥说："我们家官网就可以买。"上网一查，哇，只是床单被套的价格就五位数了，加上枕头和床垫，一套下来六位数少不了。我摸了摸鼻子，只能作罢，但心里从此种下了一颗小种子。

问问你，如果你手上有几万块钱的预算，你会选择买一件奢侈品还是换一张床？或许很多人都会想：我家又不是没有床用，有闲钱，当然先给脸贴金比较好啊。

但问题是，一旦你有过极好的睡觉体验，你就会明白我为什么会这样问你。

你一睁开眼睛，身体就像刚充满电的遥控车一样动力澎湃，感觉太棒了。肩膀、脖子、头部，都感觉轻盈清爽；你走来走去，觉得自己每走一步都充满元气，你想对这个世界和颜悦色——这是我人生第一次被睡眠震撼到时的感受。

好睡眠这个"人生救星"，比名牌包重要一万倍。买名牌是被别人看到，而买好的寝具是让自己的身体知道。

那么酒店的床，和我们家里的床到底有什么区别呢？为什么我们总会觉得，奢华酒店的床特别好？

你掀开过酒店床单就会发现，这些床的结构根本就是不同的——先有底座，上面是床垫，再铺顶垫，上面有时还要再加床褥保护套，也就是说他们的床会有四层。

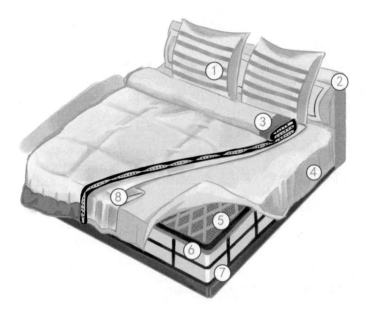

一般，家庭里用了床笠就不会用床单，酒店则是两者都会用。床笠用来包裹住整个基座，床单用来隔开人体和被子。另外，还会配置四个枕头。

为什么有四个枕头呢？有人说有两个是拿来垫脚的，这个说法不尽准确，当然枕头拿来干什么那是每个住客的自由。对于酒店来说，真正的用意是提供给客人不一样高度和软硬的枕头选择。

如此多的配置，是不是让你想到了著名的童话故事《豌豆公主》？真公主连压在二十层床垫子和二十床鸭绒被下面的一粒豌豆都能感觉出来。同样，真正的资深富豪（old money），对床品的挑剔也是极致的。所以，看一个酒店的床有多少层、怎么铺，也就知道这个酒店的真正档次。

当然，酒店每天接待来自五湖四海、各种身高体重、不同作息时间的客人，必须在配置上匹配不同的需求。

而对于自家用床来说，可以适量简化。比如说枕头就不需要四个了，隔开被子的床单也可以略去。作为新中产的一员，在能力范围内尽量优化自己的睡眠系统，每天给劳累的身体更好的休息，那就算是"不负这副皮囊"了。

02 问题来了：买什么床垫好呢？

说到床垫的品牌，不得不提到连锁酒店领域众所周知的"3S"（Simmons 席梦思，Sealy 丝涟，Serta 舒达），这可以说是五星级酒店床垫供应商中鼎立的三足。如果你的购床预算足够，基本不用再到处比较了，这三个品牌就是床垫领域久经考验的老品牌。

如果你住过哪个酒店的床特别舒服，不妨掀开床单、记下品牌，然后按图索骥。但需要注意的是，国内不少连锁酒店都有不止一个供应商，酒店会根据成本和具体情况采购不同品牌的床垫，所以经常有不同品牌的商家都声称自己是某某酒店床垫特供商。这个不奇怪。

大众一些的品牌还有金可儿、斯林百兰和邓普禄，性价比会比"3S"略高一些。

那五星级酒店都在用什么品牌的床垫？以下列表可以给有选择困难症的你一个参考：

喜达屋：席梦思、金可儿、斯林百兰。

希尔顿：金可儿、舒达、斯林百兰。

华尔道夫：舒达。

半岛酒店&四季酒店：席梦思。

丽思卡尔顿：丝涟。

香格里拉&君悦：席梦思。

这些品牌的床垫，在我心里的优先排列顺序就是席梦思，丝涟，舒达，金可儿，斯林百兰。

如果你预算有限，又不是对睡眠非常敏感的"豌豆公主"，其实选择雅兰之类的国产品牌，也不会太差，据说有些也是不少大牌床垫的代工厂。广州本地名牌穗宝也很好，椰棕型床垫还很适合当地的湿热天气，再加上一个十厘米厚的鹅绒顶垫，睡眠体验也挺好的。

除了大众的高端品牌，还有一些走小众路线的顶级床垫品牌，品质更是高到爆棚，当然价格也是让人"微笑不语"。比如海丝腾（hastens），一张双人床床垫价格可以高达八十万元；DUXIANA是不少小型奢华酒店联盟的选择，号称一生只用一张床垫，售价在五万到十五万元不等；V-spring是英国皇室用床，一张床垫价格5万元起，最高可到百万级。

我对于购买床垫的建议是，一分钱一分货。不要被产品太多的卖点包装搞得晕头转向，床垫行业的竞争非常激烈，好的品牌已经不存在争议，一分钱一分货是硬道理。首先，你挑一个中意的靠谱品牌，然后在它的品牌系里挑选一个好的床垫。

什么叫好的床垫——舒适，支撑好，透气好，抗干扰，也就是说当你身边人翻身的时候，你这边不至于感觉整个床"波涛汹涌"。

至于材料——乳胶、弹簧、椰棕、海绵……请相信我的判断，到达某一个价格区域的床垫之间，不同的材料带来的影响没有那么大的，你应该一切以睡眠体验为导向，有多大头就戴多大的帽子。先认品牌，再选产品会比较轻松。

在巴厘岛笑看明星扎堆结婚

——巴厘岛到底有什么好的？

霍建华和林心如结婚，相信结婚照已经刷了你的屏。（小燕子、紫薇、金锁！我们的青春期啊！）

好美好美！好帅好帅！每一个明星结婚生子的时候，我都是满心的祝福（虽然人家根本不认识我）。无论是名人还是普通人，场面是奢华高贵还是家常朴素，只要是有爱的、被祝福的婚礼，我总是很容易在行礼的时候流眼泪，泪点超低的。

人这一辈子遇上纯粹的幸福快乐，这样的机会并不多。古人云，人间四大乐事是：久旱逢甘露，他乡遇故知，洞房花烛夜，金榜题名时。所以，遇上有机会尽情的时候，记得抓住每一个特别的时刻，不要压抑心里的真感受，活在当下。

话说，除了"老干部"夫妻，在巴厘岛大婚的明星真的是数不完！你们看好了：杨幂和刘恺威，吴奇隆和刘诗诗，包贝尔和包文婧，徐若瑄和李云峰。还有侯佩岑、梁静茹、关心妍等。

所以巴厘岛凭什么做明星的幸福收割机呢？
我刚好7月中旬去了一次巴厘岛，咱们来试着剖析一下。

A. 梦幻的海岛美景。
巴厘岛是印度尼西亚最著名的旅游目的地，被许多旅游杂志评选为世

◎ 温暖的阳光和梦幻的海景，是最佳组合。

界上最令人陶醉的度假场所之一，拥有梦幻的海岛美景及温暖的阳光。在这里举行婚礼，美丽婚花搭配无敌海景，随手拍出来都是美照，谁不想自己的大日子在一个如诗如画的地方（有钱的话）。海风也不会很大，不会像大S那样流出囧照。

B. 免签。

巴厘岛过关超级简单，连入境卡都不用填写，直接拿中国护照就行，免费+免签，比去香港还方便。国人结婚肯定会请很多亲友，还有一大波工作人员要直接从国内飞来。如果去欧美国家，签证要折腾一轮，万一谁被拒签了又不开心了。所以，免签是王道！而且巴厘岛和中国没有时差，这边行礼完毕那边媒体就能发稿啦，时间配合妥妥的！（不然你半夜结婚谁要看啊，又不是欧洲杯。）

C. 飞行时间。

其他岛屿如毛里求斯、塞班岛、马尔代夫等虽然也是免签，但是飞行时间要7—12个小时，对于老人小孩来说有点太久了。巴厘岛距离广州、上海、北京等大城市只需要5—7个小时，机票价格也更加划算（我从广州直飞巴厘岛，往返是一个人4900元含税）。虽然三亚也是漂亮的海岛，但巴厘岛怎么说也是出国嘛，"逼格"高得多。

D. 奢华酒店星罗棋布。

巴厘岛可能是世界上五星级酒店最多的海岛，林心如选择的宝格丽、钟镇涛选择的阿丽拉、包贝尔选择的丽思卡尔顿……高端奢华的酒店选择很丰富。而且大部分酒店都有举办大型婚礼的经验，舒适的

◎ 如果有一栋小屋在远方，自然对"说走就走"充满向往。

客房和周到礼貌的服务都令新婚燕尔们安心。客人们参加婚礼之余，还可以自行参加丰富的海上运动和巴厘岛式的活动，不用担心他们没事情做。

这次我去到巴厘岛，住了两家酒店——山妍四季酒店和金巴兰四季酒店，在此分别向大家介绍一下酒店情况。或许在你想走就走的时候，可以到这个明星都爱的小岛来一次富贵休闲游，感受仅带着护照和信用卡就出门的潇洒。这里介绍我这次入住的第一家酒店：山妍四季度假酒店。

茱莉亚·罗伯茨在拍摄电影《饭祷爱》时，曾全家在这里住过数月之久，巴厘岛那么多好酒店都不挪一下窝，可见是有多心仪了。

山妍四季给我的感觉，就是"平衡之道"。这家酒店和我过往住过的都大不一样——身为巴厘岛的酒店，居然没有海！但是它有河，有山，有树，有田，它本身就是一个印尼特色的迷你农耕生态系统，客人可以参加插秧和收割的活动。

我们常用世外桃源来形容一个地方的避世宁静，然而在山妍四季，是真的太"原始"了，以至于我建议刚从农村出来的朋友不要轻易选择这家酒店，因为它真的就是典型的农家模样，你会觉得自己奋斗了十年又回到起点，我都能想象我外婆来到这里说——这不是咱家的田吗？

◎ 窗外真的就是原野，有山，有树，有田。

这让我想起有次到杭州法云安缦，听说某大老板久闻安缦大名，就叫秘书定了几晚，过来一看，给朋友打电话："哇，这酒店和我乡下的房子一模一样啊。"然后就带着家里人走了。

不怕，我们是城里人。我这次住的是独立屋villa，客房要从农家小径上的私家楼梯走下来才能进入，前后左右连隔壁房的屋檐都看不到，私密性三十二个赞。房间面朝整个山谷，昼夜不止的流水声有安神平静的作用，私人泳池随时等你。很舒服，真的很舒服，曾几何时可以这样享受自然。

然而，四季就是这么一个傲娇的小清新，这边厢为你返璞归真，农耕之乐，那边厢的客房又是极尽奢华之能事，当然这种奢华不是金碧辉煌、张灯结彩，它看起来还是很朴素的，不过就算不是行家也能用身体感受出其中的万金之数。

全屋铺设的木地板触感温润厚重，光着脚走来走去超舒服（本来印尼就产好木）。家具全部是珍贵的柚木，家有熊孩子的别造次，分分钟赔到你哭。高支纱床品躺上去凉凉的、柔柔的、软软的、爽爽的……真的，要不是它太贵，我早就买了！但是花几万块买被单我觉得我妈会扇我咯。

你要问我山妍四季附近有什么好玩的，我真心不知道啊，因为我每天都在吃—睡—葛优瘫—打豆豆—吃—睡……那些气场不和的酒店，进

◎这里的美，总体展现在平衡之道上。

◎一切给我的总体感受就是：润，和。

房坐三分钟就想出去玩，因为房间待不住人呀！一家酒店能让人死活赖着不想走，这绝对是本事。

这是我第一次看到酒店的房间为客人准备了指甲钳！虽然只是不值钱的小东西，但是你们知道的，有时候真的为了剪个指甲死皮什么的上蹿下跳到处找。房间还有充足的化妆棉、适合全家使用的中支牙膏、发卡和橡皮圈、晒后修复啫喱、东南亚线香……除了叫送餐之外，你不会需要任何人。

能让我出门的，除了餐厅应该还有SPA……四季的SPA就不用多介绍了，巴厘岛数一数二的那肯定是尽善尽美的。沉浸在正宗巴厘式护理疗程中，睡一觉起来就满血复活了。就算不是酒店客人，也可以来这里做SPA，欣赏一下整座酒店被拆分后嵌入山谷的壮丽，这是老一派人对自然的崇敬。

巴厘岛的山妍四季，给我的总体感受就是——润，和。我们中国人经常说以和为贵，"和"或许就是一种阴阳平衡、五行调和，我在这里住了三天，觉得整个人舒服得都彻底徜徉和融化在山谷里了，这大概就是我们说的"风水很好"吧。当然，每晚一千二百美金起的价格，没法长住，等我能红到拍《饭祷爱2》，可能山妍四季会考虑请我住三个月吧。

去土耳其之前，从没想过它这么美

——伊斯坦布尔，去一次够吗？

这次去了十天八夜，辗转四个城市，往返搭乘的都是土耳其航空。去程是 TK 73 广州飞伊斯坦布尔，晚上十一点起飞，伊斯坦布尔时间凌晨五点降落，这个飞行时间算是很完美的，不怕失眠，才上飞机就睡了，醒来已经接近降落时间，整顿一下就可以开始第一天的游玩了。

我先到伊斯坦布尔机场，而后直接转机到卡帕多奇亚，必须赞土航的餐食，早餐是这样一个早餐小篮子，有酸奶、水果和三明治，一般我们都觉得飞机餐不怎么样，宁可下飞机再找吃的。但看到它很新鲜诱人的样子，我居然把它吃完了……

事实证明我是对的。原来土航的飞机餐在航空界是出了名的好吃，就算我坐的是经济舱也很不错哦。第二程飞机两小时就到了卡帕多西亚，我在土耳其的第一站。

01 月球上的遗失都市卡帕多奇亚

土耳其中部安塔托利亚高原上的卡帕多西亚，是这个国家最著名的旅游地区，人文历史和自然景观在这里奇妙融合。这里也被称为地球上最像月球表面的地方，这归功于数百万年前的火山爆发。百万年来的风雨侵蚀，各种地质事件的偶然交汇，造成了独特的火山岩地貌。

现在的人为了有栖身之处挖空心思，其实古人也为了居住之地想尽办法。人类连精灵烟囱都打了主意，在柔软的火山层上开凿，最终

◎ 拿相机随便拍一拍，就会是一张大片。

创造出一个藏匿在火山岩地貌中的地下大都市——普通民居、加固型避难所、秘密教堂、地牢以及完整的地下城市，搭载着三千年文明的印记。最漂亮的景点是鸽子谷和格雷梅国家公园，随便拍一拍都是大片啊。

到卡帕多西亚一定要坐热气球，虽然一开始我总觉得是游客的把戏，价格又不便宜，但真正坐一次，才知道气球上的美景是终生难忘的。凌晨出发领略日出之美，看到一个个热气球在山谷间冒着火光，逐渐胀鼓起来，像一个个即将被孵化的彩蛋。天边逐渐破晓，随后，五颜六色的热气球开始飘了起来，此情此景太难忘了，就算每天都在被客户糟蹋我也心爽了。

02 假装在希腊安塔利亚

从卡帕多西亚往西南开车八小时，就可以到土耳其地中海区域的中心城市——安塔利亚。今年的世博会就在安塔利亚举行，不过场面显然没有上海浩大。安塔利亚是一座小城，但据说每年的旅游收入占比全国的40%，可见热门程度之高。地中海极蓝，第一次看到地中海"本人"，而不再是物理老师的秃顶，心情很激动。

安塔利亚更像是意大利或者希腊地中海沿岸的某个小城，舒适安逸。喜欢这里，海非常蓝，山非常美，很灵。老城区港口的落日极美，半山找个餐厅吃晚饭看日落吧，记得喝点香槟，看落日不买醉有什么意义呢？

既然是古城，总要去缅怀一下历史。在 Aspendos（阿斯潘多斯）可以看到全世界保存得最完好的古罗马时期的希腊式半山剧场，周边有非常壮观的阿波罗神殿遗址以及古罗马的公共浴室，照片赶紧拍起来嘚瑟一下。

安塔利亚是古希腊时期希腊人的殖民点，城市周边保有大量的希腊式的小定居点，在老城区住住民宿一定很舒服。

老城区港口的步行街很好逛，店家看到中国人都超级热情，看来同胞们的购买力真不是盖的，还有一个老爷爷给我递了中文卡片，自称土耳其地毯协会理事长哦（所以真的有这个协会吗）。

安塔利亚的橙汁很好喝，价格也便宜，人民币十几块吧。地中海沿岸嘛，海鲜烤鱼也相当不错。而且安塔利亚人好喜欢嗑瓜子，港口的堤坝上满坑满谷都是瓜子壳儿，我还以为只有中国大妈才喜欢嗑瓜子呢。喜欢安塔利亚是因为这里很慵懒，人也很随性。

越是在土耳其行走，越会有一种感觉：世界真大，真奇妙。土耳其不愧是世界上唯一横跨亚洲和欧洲的国家，太不一样了，卡帕多西亚是无法想象的魔幻，安塔利亚是出乎意料的秀美。到了棉花堡，更是有种"这样也可以"的赞叹。

03 王妃们的疗养胜地——棉花堡

棉花堡有种非常独特的地貌，这是因千百年来的温泉水沉淀而形成，水里富含的矿物质把整个温泉流域变成了棉花一样的山丘，所以我发照片的时候，有粉丝问："为什么你穿着泳衣，却在雪地里拍照？"
以后你就知道了——这里是棉花堡。

棉花堡从公元前二世纪开始就是皇公贵族们的疗养胜地，传说泡了这
里的温泉就能医治百病。说实话，比起旅行，棉花堡是个更适合拍照
的地方。因为，每一张美美的照片，背后都是个大写的"痛"。

第一是脚痛。为了保护地表的石灰华，进棉花区必须光脚。虽然叫
"棉花"，但踩上去可是实打实的石灰石啊，强烈建议计划去棉花堡
之前半年不要去足底的死皮。
第二是肉痛。整片白色山谷就像个巨型的反光板，我去的那天还是大

◎ 比起旅游，也许棉花堡更适合拍照。

晴天，粗暴的强烈日光360度无死角地打在身上，没有任何办法挡，晒成苦瓜脸。一个上午少说要被晒黑2度，各位要有心理准备。

04 一城千面伊斯坦布尔

最后两天，我待在伊斯坦布尔。只有两天，根本不够。也好，留下了一个再来的理由。

两天时间，只够浮光掠影地在蓝色清真寺、圣索菲亚大教堂、大巴扎、新皇宫和博斯普鲁斯海峡边走走，来不及探索这座不朽之城。就算是走马观花，我也能感受到伊斯坦布尔的与众不同。她是一座横跨亚欧两大洲的城市，东西方文明在这里交汇，基督教、东正教与伊斯兰教在这里共存，传统与现代在这里碰撞。

在伊斯坦布尔，你可以看到征服，看到权力，看到包容，看到怜悯，看到斗争，看到时间的沉淀，看到人类极尽的艺术能力，看到在历史面前人的渺小。整个伊斯坦布尔，就是一座巨大的博物馆。我们常说"读万卷书，行万里路"，不过就是如此了。

伊斯坦布尔值得玩的地方太多，除了走路逛各种古迹、博物馆、步行街、巴扎之外，还可以在码头游船穿过整条博斯普鲁斯海峡，到黑海岸边的小城走走。可惜受时间所限没能成行。下一次，土耳其，我还要来见你。

◎ 如果可以，在地中海的海边喝一杯橙汁，也很好呀！

◎ 所谓心生向往，不过是我们心底都深藏着那份美好。

回程的时候，人品爆发，土航帮我升舱了！！！不枉我每天都在欧洲杯的广告时间认真欣赏土航的广告。商务舱舒服至极，整个人可以拉平了睡，飞十个小时也神采奕奕。

经济舱的餐食已经算是好吃了，商务舱更厉害。以前跑时尚新闻的时候就记得，土耳其航空多次获得"最佳商务舱餐饮服务"，这次一试果然了得，不仅摆盘华丽，味道也非常好，任喝的酒单也很丰富，甜点还是歌帝梵巧克力。

听说土航在伊斯坦布尔机场的商务舱休息室更是极尽奢华，可惜这次没机会进去看，下次有机会看了再推荐给大家。

05 土国的正确打开方式

A.土耳其免签但需要电子签证，自己上官网申请后下载打印就可以了，费用是60美金。土耳其使用里拉，欧元和美金在大部分旅游区比里拉更受欢迎，人民币基本不认，多换点欧元没错的。

B.出发之前，伊斯坦布尔发生了汽车爆炸；回来之后，机场发生了自杀袭击。新闻看起来很吓人，但就我在土耳其的体验来说，主要旅游区的安全系数还是比较可靠的，路人也很和善。

C.一定要防晒，我用的是娇韵诗50度的身体防晒霜，大沿草帽和墨镜不离手。昼夜温差比较大，注意要带长袖。

◎ 越是行走，越是有一种感觉：世界真大，真奇妙。

人都贪心，不想只活一种可能性

——每个人都需要一个第二人生。

01 为什么那么喜欢旅行

在希腊的时候，我认真考虑过投资移民这件事。因为希腊实在太舒服了，消费物价也不高（相比北上广深），气候舒适，不冷不热，阳光充足，人也和气。而且，仅需25万欧元置业，便可实现全家三代移民希腊。

为什么最后放弃？其一当然是希腊经济的不确定性，万一投资移民变成为国接盘，那就"苦逼"了。最重要的是，我仔细研读了一下移民政策，置业拿到的是希腊永居，如果想拿到欧盟永居，还需要住满五年。还是算了，对不对？尽管希腊很美，很适合居住。

近一年去过了好几个国家——德国、新加坡、日本、土耳其、希腊、印度尼西亚……发现一件有趣的事情，几乎去到每个城市，都有好奇的小伙伴抓住向导认真脸询问——你们这里房子多少钱一平方？什么行情？外国人可以买吗？

我们中国人的买买买超级土豪团，真是遍布宇宙每一角落。现在旅行的时候买包、买表已经OUT了，大家流行——买楼。

02　异文化的冲击与回归

我们喜欢旅行，是因为旅行中我们会遇到一个个瞬间。某个瞬间你会觉得人类渺小，某个瞬间会觉得人类伟大，某个瞬间会觉得自己幸福，某个瞬间，你回望过去，又会觉得自己过得连狗都不如。

◎ 生活似乎在别处。

◎ 请回到现实。

这就是异文化的冲击。比如罗马城的辉煌，雅典卫城的不朽，珠峰的雄伟，角马迁徙的洪荒之力，无尽大洋的孤独，陌生建筑的新鲜，拐角咖啡店的静止，迥异生活的奇妙，未曾尝过的刺激，未知宗教的神秘，等等，都属于异文化。

所以才有那么多人，旅行的时候就算看到小猫小狗、小花小草都激动得不能自已，异文化对于每个人的high点都不同。

从异文化回到自己的生活当中并不简单，它显而易见地会给我们造成困惑和苦闷，让眼前日常的一切显得庸俗和无趣。还记得，我去泰国旅游一个月回来的那一天，在地铁上听到一大姐在大声和中介说学区房的事情，有种恍若隔世的失落感。

旅行和回归，就像是两种文化，两场人生，我们都害怕被打回原形。灯红酒绿的时候，我们喜欢田园牧歌；淡泊名利的时候，却又追忆高薪厚职。人，就是贪心，希望有两种人生。

因此我们会给旅行赋予很多的意义，贴上很多的漂亮标签，像对待珍贵标本和古董一样保存在记忆和相簿中，并期待着下一次说走就走的逃离。

03　真的洗涤心灵了吗

实质上，旅行只是一种经历罢了，它不能洗涤你的心灵，也没法帮你

◎ 也许只是一次说走就走的逃离。

◎ 真正在路上的人，反而希望安定下来。

找到生命的奥义，它只是单纯地给你展示了另一种可能性——几乎是你永远无法真正步入的他乡。也正是因为无法步入其中，它会显得很特别。

真正经常在路上的人，反而希望安定下来，现在最流行的旅行方式，就是假装是当地人。有时候觉得，人生就像是一场角色扮演，我们心甘情愿地假装是根正苗红的公务员，假装是成功的企业家，假装是一个称职的销售总监或者总经理……或许你会有另外一种人生呢？博尔赫斯说，时间永远分叉，通向无数的未来。如果在某个节点你选择拐了弯，现在会不会是不一样的自己呢？

我不止一次想有一间度假小屋，可以跳出现在的生活，重新开始第二人生。而这个想法，并不是只有我一人有。

◎ 博尔赫斯说，时间永远分叉，通向无数的未来。

◎ 如果在某个节点，你选择拐了弯，现在会不会是不一样的自己呢？

04 你期待什么样的美好

我刚入行的时候，大家说起某某媒体老师看破红尘，结局往往就是去云南开了个小客栈，每日在天台晒太阳吃水烟，日子快活似神仙，颇算是人生另外一个战场的胜利。然而自从丽江等地商业化之后，房东翻脸，租金说涨就涨，老师不得不卷起铺盖走人，变成"我有故事，你有酒吗"的老驴。大家又纷纷耳语，文艺的梦想，最终还是要有实业支撑。

感觉他把自己的人生经验都浓缩到了这个酒店不大的方寸里面，在这里他不是企业家，只是一个小小的房东，并且乐在其中。

读者群的一位"白富美"也说，因为经常订不到酒店房间，所以在东南亚买了个精品酒店……一个上市公司CEO，"空中飞人"，在某座他最爱的旅游城市置了一批酒店式公寓，就为了想吃火锅的时候说走就走。

金字塔中高端的精英人群，已经在满足了刚需的前提下，提前实现了第二人生。

那么你呢？你期待一个什么样的未来？

有时候我们回想起过去的路，会觉得充满了偶然和必然的暗涌。你期待的未来，是什么模样？走遍山川湖海，甚至漂洋出海？如果你不是现在的你，你还可能是谁呢？